Preßmar / Scheer · SAP® R/3® in der Praxis

Dieter B. Preßmar /
August-Wilhelm Scheer (Hrsg.)

SAP® R/3® in der Praxis

Neuere Entwicklungen und
Anwendungen

Schriften zur Unternehmensführung
Band 62

Titel: SAP® R/3® in der Praxis. Neuere Entwicklungen und Anwendungen

Herausgeber: Prof. Dr. Dieter B. Preßmar ist Professor der Betriebswirtschaftslehre und Leiter des Arbeitsbereiches Betriebswirtschaftliche Datenverarbeitung der Universität Hamburg. Prof. Dr. August-Wilhelm Scheer ist Direktor des Instituts für Wirtschaftsinformatik an der Universität des Saarlandes sowie Hauptgesellschafter des Software- und Beratungshauses IDS Prof. Scheer GmbH in Saarbrücken.

Bezugsbedingungen: Abonnenten der Schriften zur Unternehmensführung (SzU) erhalten auf die Bände der Reihe 10% Rabatt.

Schriftenreihe: ISSN 0582-0545

Bestellnummer dieses Bandes: ISBN-13: 978-3-322-84651-8

Zitierweise: SzU, Band 62, Wiesbaden

SAP® ist ein eingetragenes Warenzeichen der SAP Aktiengesellschaft Systeme, Anwendungen, Produkte in der Datenverarbeitung, Neurottstraße 16, D-69190 Walldorf. Die SAP AG ist nicht Herausgeberin des vorliegenden Titels oder sonst presserechtlich dafür verantwortlich.

Alle Rechte vorbehalten

© Betriebswirtschaftlicher Verlag Dr. Th. Gabler GmbH, Wiesbaden 1998
Softcover reprint of the hardcover 1st edition 1998

Lektorat: Ralf Wettlaufer

Der Gabler Verlag ist ein Unternehmen der Bertelsmann Fachinformation GmbH.

Das Werk einschließlich aller seiner Teile ist urheberrechtlich geschützt. Jede Verwertung außerhalb der engen Grenzen des Urheberrechtsgesetzes ist ohne Zustimmung des Verlages unzulässig und strafbar. Das gilt insbesondere für Vervielfältigungen, Übersetzungen, Mikroverfilmungen und die Einspeicherung und Verarbeitung in elektronischen Systemen.

http://www.gabler-online.de

Höchste inhaltliche und technische Qualität unserer Produkte ist unser Ziel. Bei der Produktion und Auslieferung unserer Bücher wollen wir die Umwelt schonen: Dieses Buch ist auf säurefreiem und chlorfrei gebleichtem Papier gedruckt.

Die Wiedergabe von Gebrauchsnamen, Handelsnamen, Warenbezeichnungen usw. in diesem Werk berechtigt auch ohne besondere Kennzeichnung nicht zu der Annahme, daß solche Namen im Sinne der Warenzeichen- und Markenschutz-Gesetzgebung als frei zu betrachten wären und daher von jedermann benutzt werden dürften.

ISBN-13: 978-3-322-84651-8   e-ISBN-13: 978-3-322-84650-1
DOI: 10.1007/978-3-322-84650-1

Inhalt

Editorial 1

Komponentenorientierung als Denkmethode 3
von Günther Tolkmit und Wolfgang Teusch

Internet-basierte Geschäftsprozesse mit Standardsoftware 23
von August-Wilhelm Scheer, Markus Bold und Michael Hoffmann

Vom Customizing zur Adaption des Standardsoftwaresystems R/3 45
von Rainer Thome

Vom Unternehmensziel zur Tabelleneinstellung: Geschäftsprozeßorientierte Einführung
von SAP R/3 57
von Mathias Kirchmer

Einführung des SAP R/3-Systems in einem Finanzdienstleistungsunternehmen........... 77
von Frederik Linthout, Wolfgang Lühdorff und Mathias Schäfer

Einführung des SAP R/3-Systems in einer Wissenschaftsverwaltung - Erweiterung des
Standardsystems um Komponenten des kameralistischen Controllings am Beispiel der
Max-Planck-Gesellschaft... 107
von Martin Schrempf und Friederike Wall

Der Einsatz kommerzieller integrierter Standardsoftware im Rahmen universitärer
Ausbildung am Beispiel von R/3 der SAP AG.. 129
von Manfred Layer

Editorial

Internationale Durchsetzung der Standardsoftware SAP R/3 - Export der deutschen Betriebswirtschaftslehre

Immer häufiger entscheiden sich Unternehmen bei der Lösung ihrer EDV-Probleme für den Einsatz von Standardsoftware, statt die benötigten Lösungen selbst zu entwickeln. Gegenüber der individuellen Entwicklung von Anwendungsprogrammen setzt sich Standardsoftware immer stärker durch. Standardisierte Anwendersysteme wie R/3 der SAP AG zeichnen sich nicht nur durch eine große Verbreitung in der Praxis aus, sie beeinflussen in diesem Zusammenhang auch die Strukturen und Prozesse der Unternehmen. Für kleinere Softwarehersteller ergibt sich die Notwendigkeit, eigene Produkte an die großen Standardsoftwarepakete anzubinden, um das Überleben am Markt zu sichern. Auch die Forschung stellt sich der Herausforderung, die bereits bewährten betriebswirtschaftlichen Konzepte in den Moduln und Komponenten der Standardsoftware zu implementieren.

Ergebnisse der deutschen betriebswirtschaftlichen Forschung finden nur selten eine internationale Beachtung. Dabei kann sich die deutsche Betriebswirtschaftslehre in einigen Bereichen, wie z.B. innerbetriebliches Rechnungswesen oder Produktionsplanung, durchaus mit anderen Entwicklungen messen. Der Siegeszug von SAP R/3 auf internationalen Märkten läßt darüber hinaus eine positive Schlußfolgerung zu: die deutsche Betriebswirtschaftslehre ist ein Exportschlager. Den Herausgebern war es daher ein besonderes Anliegen, in einem Sammelband den gegenwärtigen Entwicklungsstand und die Zukunftsperspektiven des Standardsystems R/3 in der Industrie, den Dienstleistungsunternehmen und in der öffentlichen Verwaltung umfassend darzustellen.

Der Sammelband umfaßt in vier Teilen insgesamt sieben Einzelbeiträge. Im ersten Teil stehen aktuelle Weiterentwicklungen, wie beispielsweise die neue Komponententechnologie und die durch Internet-Technologien unterstützten Geschäftsprozesse, im Blickpunkt. Durch die Aufgliederung großer Standardsoftwaresysteme in Komponenten ergeben sich neue Einsatzmöglichkeiten im technischen und im organisatorischen Umfeld. In diesem Fall wird auch die Möglichkeit geschaffen, einzelne Komponenten mit unterschiedlichen Releaseständen einzusetzen. Unternehmen können darüber hinaus spezifische Branchenlösungen implementieren und funktionale Ergänzungen durch Add-on-Komponenten realisieren. Mit dem Nutzungskonzept für Einzelkomponenten nimmt zwangsläufig die Nachfrage nach Beratungsleistungen für die Installation und Montage der Softwarekomponenten zu. Beratungshäuser übernehmen damit die Rolle der Systemintegratoren.

Der zweite Teil des vorliegenden SzU-Bandes behandelt Strategien zur Einführung des R/3-Systems sowie für das Customizing und die organisatorische Adaption. Dabei steht die Zielsetzung im Vordergrund, bestehende Installationen an die neuen Möglichkeiten und Einsatzbereiche der Standardsoftware anzupassen und die Planung der Einführungsprojekte effizient zu gestalten. Der internationale Erfolg des Systems SAP R/3 ist nicht zuletzt darauf gegründet, daß mit Hilfe von anerkannten Referenzmodellen komplexe

Unternehmensstrukturen und -prozesse auf der Grundlage einer Standardsoftware umgesetzt werden können. Einen weiteren Schwerpunkt des Sammelbandes stellt daher die modellgestützte Einführung von R/3 dar. Anwenderberichte zeigen im dritten Teil anhand von konkreten Einführungsprojekten die verfügbaren Einsatzpotentiale auch für Non-Profit-Organisationen auf. Im abschließenden vierten Teil wird in besonderer Weise die Ausbildung von Studierenden an wissenschaftlichen Hochschulen auf dem Gebiet des R/3-Einsatzes beleuchtet.

Mit freundlichen Grüßen

DIE HERAUSGEBER

Komponentenorientierung als Denkmethode

Von Günter Tolkmit und Dr. Wolfgang Teusch

Inhaltsübersicht

1 Einleitung
2 Information und Kommunikation angesichts neuer Organisationsformen
    2.1 Globale Geschäftsprozesse und neue Organisationsformen
    2.2 Die Wechselwirkung zwischen IuK-Technik sowie Organisation und Management
3 Die SAP Produktarchitektur: das Business Framework
    3.1 Anforderungen an eine moderne Produktarchitektur
    3.2 Business-Komponenten und -objekte
4 Innovative Technologien
    4.1 SAP Business Workflow
    4.2 Internet und Intranet
    4.3 Business Information Warehouse (BIW)
    4.4 ALE für verteilte Prozesse
5 Systemkonfiguration, Implementierung und Einführung
    5.1 Business Engineer
    5.2 Branchenvorlagen und Customizing
    5.3 AcceleratedSAP (ASAP)
6 Literaturverzeichnis

1 Einleitung

Globalisierung der Wirtschaft und rasche Veränderungen der Märkte sind die heutigen Rahmenbedingungen, auf die sich die Unternehmen in immer stärkeren Maße einstellen müssen. Das Zusammenrücken der Weltmärkte und die tiefgreifenden Veränderungen der Wettbewerbssituation erfordern von den Unternehmen einen strategischen Umbruch. So nimmt die weltweite Vernetzung von Unternehmensaufgaben zu. Das Denken in festen Bezugsrahmen und damit das Verharren in statischen Ordnungsstrukturen wird der heutigen Marktdynamik nicht mehr gerecht. Der verbundene Einsatz sämtlicher Unternehmensressourcen ist unabdingbar. Die Konfiguration der geographischen Ressourcenverteilung und die Koordination des Ressourceneinsatzes sind zentrale Strukturgrößen heutiger Unternehmensstrategien [11]. Ferner zeichnet sich immer stärker ein unternehmensübergreifendes Prozeßmanagement ab [10]. Der Horizont von Prozessen beginnt und endet heute nicht mehr innerhalb der Unternehmung. Die Grenzen erweitern sich und zunehmend ist eine globale Sicht gefragt, die durchgängig Privatpersonen, Wirtschaftsunternehmen und öffentliche Verwaltungen in die Geschäftsabläufe einbezieht.

Informations- und Kommunikationstechnologien (IuK-Technologien) müssen sich diesem Strukturwandel stellen und Lösungen anbieten. Gerade Schnelligkeit und Flexibilität sind wettbewerbsentscheidende Faktoren auf turbulenten Märkten, um rasch, kostengünstig und mit hoher Qualität Produkte und Dienstleistungen anzubieten, die den gestiegenen Kundenwünschen entsprechen. Diese Ziele sind nur mit ausgereiften IuK-Technologien erreichbar.

SAP als führender Anbieter von Business-Software trägt diesen Veränderungen in vielfältiger Weise Rechnung. Die betriebswirtschaftliche Objektorientierung der Anwendungsentwicklung bietet eine gute Basis, die Systemarchitektur nach betriebswirtschaftlichen Kriterien auszurichten und auf dieser Ebene die Kommunikation mit den Anwendern zu verbessern und zu erleichtern. Das Business Framework ist als komponentenorientierter Ansatz die adäquate Infrastruktur zur Bewältigung der neuen Herausforderungen.

Nicht nur die flexible Architektur, sondern auch innovative Technologien steigern die Einsatzfähigkeit des Systems beträchtlich. In den letzten Jahren haben Workflow, Internet und Intranet die Gestaltungsmöglichkeiten der Geschäftsabläufe enorm gesteigert und sind heute aus der betrieblichen Praxis nicht mehr wegzudenken.

Gerade das Management benötigt ein sicheres Navigationssystem, um die Informationsflut gezielt und schnell zu bewältigen. Mit dem Business Information Warehouse können die Daten aus unterschiedlichsten Stellen verdichtet und so in den Entscheidungsprozeß eingebunden werden.

Global operierende Unternehmen nutzen dezentralisierte Anwendungen. Mit der ALE-Technik können auch in einer solchen Umgebung die Geschäftsprozesse adäquat unterstützt werden.

Mit zunehmender Komplexität einerseits und der wachsenden Funktionalität andererseits ist die Einführung des Systems zu einem kritischen Faktor geworden. Zeit, Kosten und Personalbedarf sind hier die dominierenden Größen. Der Business Engineer strukturiert und beschleunigt die Konfiguration des Systems. Mit Branchenvorlagen wird dort die Einführung verkürzt, da neben der Unternehmensmodellierung auch der Bezug zur eigentlichen Konfiguration hergestellt wird. Schließlich ist mit AcceleratedSAP ein Programm ins Leben gerufen worden, das bei Nutzung von Best Practices unter Einbindung des Business Engineer und Einführungserfahrungen von Beratern und Kunden eine sehr rasche und damit kostengünstige und ressourcenschonende Implementierung garantiert.

Nach der Erörterung des betrieblichen Umfeldes, der veränderten Rahmenbedingungen und der organisatorischen Rahmenbedingungen werden die Anforderungen an heutige IuK-Technologien beleuchtet. Es wird dargelegt, daß in diesem Zusammenhang eine komponentenorientierte Systemarchitektur einen Modellansatz darstellt, der sowohl den betriebswirtschaftlichen Anforderungen genügt als auch Aufbau, Implementierung und Wartung des Systems effizient unterstützt.

2 Information und Kommunikation angesichts neuer Organisationsformen

2.1 Globale Geschäftsprozesse und neue Organisationsformen

Die Dynamik der Märkte und die Innovationsgeschwindigkeit haben die Rahmenbedingungen der Unternehmen stark verändert. Der Wettbewerb ist härter und globaler geworden. Daher müssen wir uns mehr und mehr von der tayloristisch geprägten Vorstellung lösen, die Unternehmung als geschlossenes Gebilde mit klarer statischer Abgrenzung zur Umwelt zu sehen. Diese Grenzen einer Unternehmung verblassen immer mehr; sie werden durchlässiger und fließender durch eine starke Einbindung der Umwelt. Beispiele wie elektronische Märkte, Telekooperation, strategische Netzwerke und virtuelle Organisationen sind heute Realität und belegen diesen Strukturwandel sehr deutlich.

Die neuen Informations- und Kommunikationstechnologien haben die Wettbewerbsbedingungen tiefgreifend verändert und sind aus der heutigen Unternehmenspraxis nicht mehr wegzudenken:

- Kommunikationsnetzwerke globalisieren die Märkte und erleichtern Wettbewerbern den Zugang zu Märkten.

- Die Ressourcenbeschaffung (Arbeitskräfte, Sachgüter, Dienstleistungen und Produktionsanlagen) erfolgt weltweit.

- Oftmals ist ein Wandel vom Verkäufer- zum Käufermarkt festzustellen. Daher ist Kundenorientierung ein Wettbewerbsfaktor. Trotz gestiegener Kundenansprüche werden heute umfassende Flexibilität und Geschwindigkeit (z.B. kurze Entwicklungs- und Lieferzeit) verlangt, um im Wettbewerb zu bestehen.

- Produkte und Prozesse unterliegen einer hohen Innovationsdynamik. Die Produktlebenszyklen haben sich enorm verkürzt. Daher sind Innovation und die permanente Erneuerung von Systemen, Produkten und Prozessen Antriebsfaktoren für die Wirtschaft.

Die veränderten Wettbewerbsbedingungen führen zu Risiken und erhöhter Unsicherheit. Die Unternehmen versuchen, die Risiken abzusichern oder aufzuteilen, und begegnen den veränderten Rahmenbedingungen durch die Reorganisation der Leistungsprozesse und die Restrukturierung der Organisation [4]. Die Länge und Breite der Wertschöpfungskette werden analysiert und umgestaltet. Dabei ergreifen die Unternehmen eine Reihe von Maßnahmen. So konzentrieren sich Unternehmen teilweise auf Kernkompetenzen und legen die von Dritten zu beziehenden Leistungen fest [12]. Teilweise kooperiert man mit Partnern zwecks Bündelung von Technologien, Know-how und Prozessen. In diesem Fall ist eine adäquate Netzwerkorganisation erforderlich, die solche Leistungsgeflechte koordiniert und überwacht. All diese Bemühungen haben zum Ziel, dem Kunden einen erkennbaren Vorteil zu vermitteln, eine Wertsteigerung aller beteiligten „Stakeholder" zu erzielen, gegenüber der Konkurrenz Wettbewerbsvorteile zu haben oder gar einmalig zu sein, die Produktkomplexität zu erhöhen sowie schwer imitierbar zu sein und sich den Zugang zu vielfältigen Märkten zu eröffnen [6].

Geschäftliche Aktivitäten umspannen die Bereiche Beschaffung, Produktion, Marketing und Vertrieb sowie Kundendienst. Im Sinne des Konzeptes der Wertschöpfungskette orientieren sich die Organisationseinheiten an Prozessen, d.h. an Ketten sachlich zusammenhängender Tätigkeiten zur Erstellung von Produkten und Dienstleistungen. Durch Teams, Projektstrukturen bis hin zu strategischen Netzwerken und virtuellen Organisationen, versucht man die hemmenden Grenzen von Abteilungen, Unternehmensbereichen, ja von Unternehmen zu überwinden. So bringt z.B. die Boston Beer Company ihr Know-how bei der Produktentwicklung, Markenführung und Qualitätskontrolle ein, nutzt aber für die Bierproduktion die Überkapazitäten anderer Brauereien [3].

In der Praxis haben sich unterschiedliche Organisationsformen herausgebildet:

Die *hierarchische Organisation* mit einer tayloristischen, funktionalen Arbeitsorganisation. Sie ist bei Massenproduktion und standardisierten Dienstleistungen vorteilhaft. Kennzeichnend sind hier hohe Marktsicherheit und einfache Produkte.

Die neuen Rahmenbedingungen erfordern einen Anpassungs- und Wandlungsprozeß der Unternehmung. Es erfolgt ein Wechsel von mehr hierarchisch und funktional gegliederten zu modularen Organisationsstrukturen. So werden beispielsweise, um eine größere Kundennähe zu erreichen, zentrale Standorte aufgelöst und selbständige marktbezogene, meist räumlich verteilte Geschäftseinheiten gebildet.

Komponentenorientierung als Denkmethode

Die Dezentralisierung und Modularisierung innerhalb der Unternehmung reicht nicht immer aus. Der in vielen Branchen stattfindende Strukturwandel zwingt die Unternehmen zum Aufbau *strategischer Netzwerke*, die den Kunden einen erkennbaren Nutzen bringen und gegenüber der Konkurrenz eine exponierte Bündelung von Technologien und Know-how darstellen. Gefordert sind unternehmensübergreifende Organisationen und Prozesse, die durch Netzwerke verbunden neue Formen der Kooperation ermöglichen. Zweckgebunden, u.U. zeitlich begrenzt entstehen *virtuelle Gruppen* oder sogar *virtuelle Unternehmen*, die gewisse Aufgaben zu erfüllen haben und dafür auf eine elektronische, multimediale Kommunikation angewiesen sind. Durch die neuen Organisationsformen werden die traditionellen Grenzen von Hierarchie, Funktionsbereichen und Geographie aufgelöst. Es entstehen grenzenlose Unternehmen.

Gerade veränderte Wettbewerbsbedingungen wie relativ kurze Produktlebenszyklen, unsichere oder turbulente Märkte, eine hohe Anzahl an Wettbewerbern, die Verlagerung von Verkäufer- zu Käufermärkten, erfordern mehr unternehmerische Flexibilität und erhöhte Innovationsfähigkeit. Daher werden Geschäftsprozesse ganzheitlich strukturiert. Die Verzahnung der Prozesse vom Design, über die Integration von Fertigungs- und Dienstleistungsprozessen, sowie des Controllings bis hin zur durchgängigen Ausrichtung auf den Kundennutzen erfordern die Virtualisierung als gemeinsames Dach der Gesamtentwicklung.

2.2 Die Wechselwirkung zwischen IuK-Technik sowie Organisation und Management

Heutige prozeßorientierte, unternehmensübergreifende Ablauforganisationen sind ohne eine moderne IuK-Technologie überhaupt nicht denkbar. Diese muß gewährleisten, daß die Schnittstellen zwischen Aktivitäten eines Prozesses effizient unterstützt werden. So sind etwa Liegezeiten zwischen funktionalen Abteilungen und Bereichen zu reduzieren, die Durchlaufzeiten durch einen permanenten Informationstransfer zu verkürzen oder die Abwicklung von Kundenaufträgen zu beschleunigen.

Es liegt eine Wechselwirkung zwischen Organisation und Management einerseits und der IuK-Technogie andererseits vor. Die ständig voranschreitende Entstehung neuer Organisationsformen zur Bewältigung komplexer Aufgaben und der Handhabung damit verbundener globaler Prozesse stellen erhebliche Anforderungen an die Entwicklung geeigneter IuK-Techniken, die das Management wirkungsvoll unterstützen sollen. Die Weiterentwicklung von IuK-Techniken und der strukturelle Wandel der Organisationen und Geschäftsprozesse stehen in einer permanenten Interaktion.

Eine Reihe von Entwicklungstendenzen tragen zur Verbesserung der informations- und kommunikationstechnischen Infrastruktur bei. So ist die Leistungsfähigkeit von Rechnern -gerade im Bereich der kleinen und mittleren Datentechnik (PCs und Workstations) beträchtlich gestiegen. Netzwerke auf lokaler und globaler Ebene haben ihre Durchsätze erheblich gesteigert.

Der Ausbau der Netzwerke und die Liberalisierung der Telekommunikation erlauben den Einsatz von Mobilfunk (Mobil Computing), d.h. weitgehende standortunabhängige Kommunikationsmöglichkeiten via Telefon, Fax, PC und Netzwerkdienstleistungen. So ermöglicht Internet den Aufbau von elektronischen Märkten und standortunabhängige Kommunikation neue Konfigurationen von Geschäftsprozessen und der damit verbundenen Arbeitsteilung.

3 Die SAP Produktarchitektur: das Business Framework

3.1 Anforderungen an eine moderne Produktarchitektur

Betriebswirtschaftliche Anwendungssoftware muß die im Abschnitt 2 erörterten komplexen und globalen Geschäftsprozesse von der Planung über die Durchführung bis zur Kontrolle konform zur Ablauforganisation umfassend und effizient unterstützen. Die neuen Rahmenbedingungen erfordern sowohl von der betriebswirtschaftlichen als auch von der technologischen Seite Anpassungen, Erweiterungen und Restrukturierungen des SAP-Systems R/3. An die technologische Infrastruktur werden weitreichende Anforderungen gestellt [6]:

- Das System muß in hohem Maße skalierbar sein und die Verteilung der Anwendungen gemäß den organisatorischen Vorgaben erlauben.

- Alle involvierten Softwareprodukte müssen eine hohe Interoperabilität aufweisen, damit das Gesamtsystem reibungslos ohne Bruchstellen funktioniert.

- Das System muß schnell neue Technologien adaptieren können.

- Stetige Erweiterungen und Verbesserungen müssen nahtlos möglich sein.

- Die Wartungs- und Upgradefäfigkeit dürfen keinerlei Beschränkungen unterliegen.

Die Antwort von SAP auf diese Herausforderungen ist die stetige Weiterentwicklung des Business Framework. Damit ist eine integrierte, offene, in Komponenten untergliederte Produktarchitektur gemeint, die Unternehmensanwendungen, Produkte von Fremdanbietern und Technologien umfaßt.

Dem steten Wandel der Rahmenbedingungen und der Marktdynamik begegnet das Business Framework durch eine flexible und adäquate Konfiguration des Systems. Es unterstützt die Durchführung zentraler Aufgaben ebenso wie die Implementierung und den Verbund dezentraler Systemanwendungen in einem Netzwerk.

Angesichts der großen Vielfalt von Anwendern aus der Privatwirtschaft und dem öffentlichen Sektor konzentriert sich SAP auf Kernkompetenzen und hat eine Schnittstellentechnologie entwickelt, die auf einfache Weise Produkte anderer Hersteller einzubinden vermag.

3.2 Business-Komponenten und -objekte

Das Busisess Framework besteht aus einer Familie von Business-Komponenten. Hierunter werden in sich abgeschlossene, gekapselte Programmpakete verstanden, die betriebswirtschaftlichen Anwendungscharakter haben. Beispiele für Business-Komponenten sind das Personalwesen HR, die Supply Chain Optimization oder das Business Information Warehouse .

Die Strukturierung des Systems in Komponenten bietet einerseits dem Kunden Vorteile, erleichtert andererseits aber auch die Produktentwicklung. Dies ist jedoch nur dann möglich, wenn die Business-Komponenten eine wichtige Eigenschaft haben: Sie müssen unabhängig voneinander auslieferbar sein. Mit diesem Ansatz wird die klassische Releasepolitik, die ein zeitgleiches Hochrüsten des Gesamtsystems erfordert, aufgegeben. Stattdessen braucht der Kunde nur noch von denjenigen Komponenten eine neue Version einzusetzen, die die von ihm benötigte Erweiterung der Funktionalität enthält. Durch das separate Hochrüsten einzelner Komponenten ist der Kunde flexibler. Er braucht nicht mehr auf die Fertigstellung eines neuen Releases zu warten; die vom Softwarehersteller entwickelte Funktionalität kann schneller ausgeliefert werden. Dadurch vereinfacht und verkürzt sich auch die Wartung des Systems [7].

Die Architektur des Business Framework zielt auf eine Entkopplung der Komponenten ab, die nur noch über normierte Schnittstellen miteinander kommunizieren. Dadurch gelingt es, die einzelnen Komponenten als kooperierende Anwendungen einzusetzen, autonom zu entwickeln und dann schnell am Markt einzuführen.

Die Komponenten bestehen ihrerseits aus Business-Objekten. Diese sind Gegenstände mit betriebswirtschaftlicher Bedeutung. Die Objekte sind Grundbausteine der betriebswirtschaftlichen Anwendungen. Die Abbildung dieser elementaren Gebilde erfolgt durch die Objektorientierung. Diese modelliert ein Objekt durch Kapselung von Daten und Funktionen. In der Sprache der Objektorientierung werden die Daten Attribute und die Funktionen Methoden genannt. Die Attribute sind wesentliche Merkmale, die das Objekt charakterisieren, z.B. Name, Adresse und Bankverbindung beim Objekt „Kunde". Die Methoden beinhalten die Anwendungslogik, damit das Objekt bestimmte Dinge tun kann.

Objekte werden im Business Object Repository (BOR) definiert und damit Bestandteil des Sytems R/3. Das Datenmodell, das jedem Objekt zugeordnet ist, ist in das Unternehmensdatenmodell eingebettet.

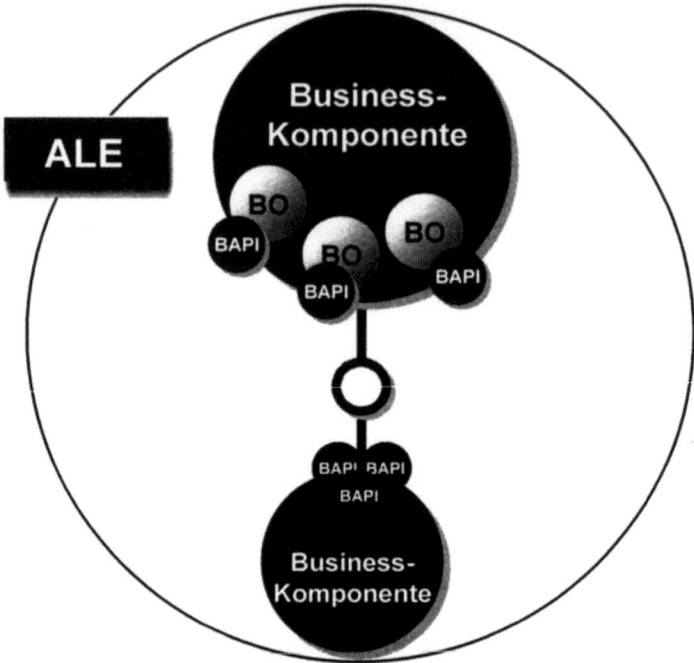

Abbildung 1: Komponenten im Business Framework

Die Objekt-Methoden werden als Business Application Programming Interfaces (BAPIs) bereitgestellt. Die BAPIs ermöglichen einen externen Zugriff auf die Objekte und die damit verbundenen Geschäftsprozesse im System R/3. BAPIs sind standardisierte Schnittstellen, die eine direkte Kommunikation unter den Business-Komponenten oder mit Anwendungen anderer Anbieter erlauben. Daher stellt das System R/3 eine offene Architektur dar, die eine Kommunikation über Internet oder auf Basis von Standards wie CORBA (Component Object Request Broker Architecture) oder Microsofts COM/DCOM (Component Object Model/Distributed Component Object Model) ermöglicht.

Die Objektorientierung erlaubt eine Modellierung von Geschäftsprozessen, die aufgrund des betriebswirtschaftlichen Ansatzes als natürlich und realitätsnah empfunden wird. Business-Objekte enthalten definitionsgemäß sowohl eine betriebswirtschaftliche als auch eine informationstechnologische Sicht. Dadurch wird die Verständigung zwischen den Anwendern in den Fachabteilungen und den Fachleuten der Informationstechnologie (IT) verbessert und erleichtert damit die Einführung und Nutzung des Systems.

Wie bereits dargelegt haben die Business-Objekte standardisierte Schnittstellen. Dadurch werden die Schwächen herkömmlicher Softwareentwicklung, die zu komplexen, eng verflochtenen monolithischen Programmstrukturen geführt hat, überwunden. BAPIs stellen standardisierte Softwareteile dar, die nicht nur für einen einmaligen Zweck entwickelt worden sind, sondern die im Rahmen neuer Anwendungen wiederverwendet werden können. Diese Wiederverwendbarkeit ist auf allen Plattformen und Entwicklungsumgebungen gewährleistet, sofern die Standards eingehalten werden. Business-

Objekte mit ihren Methoden sind der bequeme Weg zu Anwendungssystemen mit einer adäquaten Granulierung. komponentenorientierte Systeme kombinieren Daten und Funktionen zu Business-Komponenten und sind damit ein probates Werkzeug zur betriebswirtschaftlich orientierten Skalierung des Anwendungsystems.

Die offenen, standardisierten Schnittstellen des Komponentenansatzes gewährleisten nicht nur eine reibungslose Interoperabilität mit Desktop-Produkten wie EXCEL oder WORD, sondern erlauben auch die Interaktion von Komponenten unterschiedlicher Anbieter. Damit ist eine umfassende Modellierung sogar über Unternehmensgrenzen hinweg möglich. Das System läßt sich rasch an neue Marktbedingungen anpassen, da sich die Software ebenso schnell verändern läßt. Es braucht nicht mehr das Gesamtsystem ausgetauscht zu werden, sondern es müssen nur noch neue Komponenten eingegliedert oder bestehende Komponenten verändert werden.

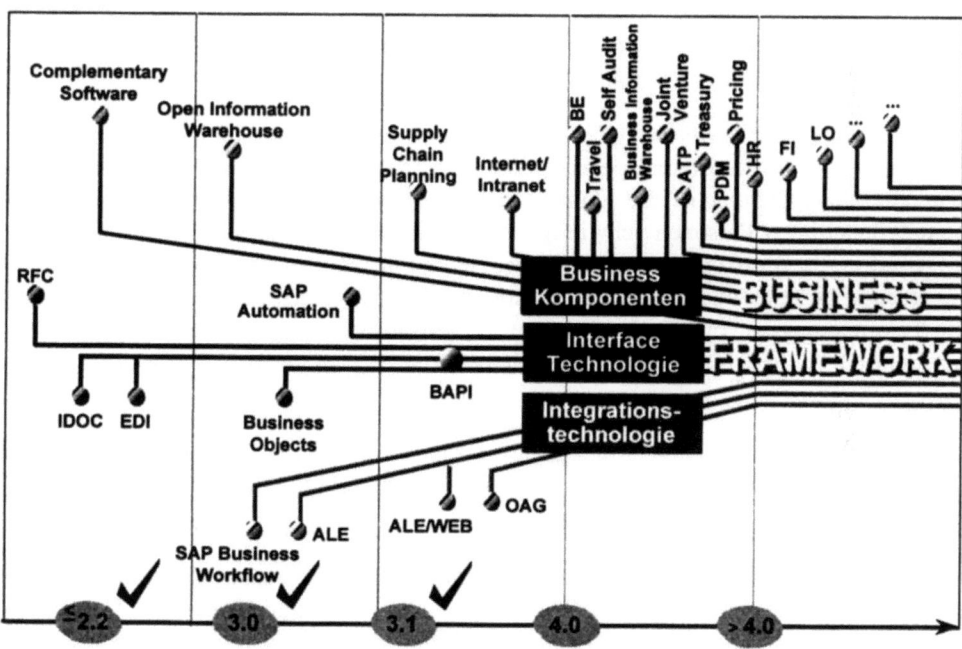

Abbildung 2: Genealogie des Business Framework

4 Innovative Technologien

Im Rahmen des stetigen Ausbaus des Business Framework sind neue Komponenten entstanden oder befinden sich gerade in der Entwicklung. Darüber hinaus sind neue Technologien geschaffen worden, die dem Anwender die Nutzung des Systems erleichtern und die Produktfamilie am Markt konkurrenzfähig halten. Im folgenden werden wir uns mit den Business-Komponenten Workflow und Business Information Warehouse befassen. An innovativen Technologien werden wir Internet, Intranet und deren Anwendungen sowie das Application Link Enabling (ALE) besprechen.

4.1 SAP Business Workflow

In vielen Unternehmen und in weiten Bereichen der öffentlichen Verwaltung besteht die Anforderung, betriebswirtschaftliche Vorgänge durchgängig und konform zu internen Vorschriften oder rechtlichen Vorgaben elektronisch unterstützt gestalten und bearbeiten zu können. Hierfür steht mit dem SAP Business Workflow [8] ein leistungsfähiges Werkzeug zur Verfügung, das bei Bedarf in alle Anwendungen eingebunden werden kann.

Der SAP Business Workflow erlaubt den Ablauf von Geschäftsprozessen kundenindividuell zu gestalten und diesen arbeitsplatzübergreifend über Anwendungen hinweg zu koordinieren und zu steuern. Gerade an die sich ändernden Organisationsstrukturen läßt sich der SAP Business Workflow bequem anpassen.

Routinemäßige, nicht wertschöpfende Tätigkeiten automatisiert und beschleunigt der SAP Business Workflow und verkürzt dadurch Transport- und Rüstzeiten. Ohne maschinelle Unterstützung ist die Kommunikation zwischen allen an der Vorgangsbearbeitung beteiligten Personen schwierig und zeitraubend. Der SAP Business Workflow integriert in die Bürokommunikation einen elektronischen Eingangskorb. Dieser enthält für jeden Mitarbeiter alle von ihm durchzuführenden Tätigkeiten. Das System unterstützt die Terminierung sowohl für die gesamte Vorgangsbearbeitung als auch für die einzelnen Schritte. Außerdem kann der Bearbeitungsstatus jederzeit erfragt werden.

Die Befugnisse des einzelnen Mitarbeiters sind durch seine Verankerung in die Aufbauorganisation des Unternehmens festgelegt. Daher ist der SAP Business Workflow ein Bindeglied zwischen Ablauf- und Aufbauorganisation und bildet die erforderlichen Verantwortlichkeiten exakt ab.

Der SAP Business Workflow kontrolliert und protokolliert sämtliche Bearbeitungsschritte. Alle benötigten Daten und Dokumente werden automatisch besorgt. Die Ergebnisse eines Bearbeitungsschrittes fixieren die nachfolgenden Schritte und versorgen diese mit den erforderlichen Informationen. Ganz im Sinne der offenen Architektur des Business Framework kann schon heute der SAP Business Workflow ereignisgesteuert mit komplementären Anwendungen von Fremdanbietern kommunizeren. Dadurch steht ein Werkzeug zur Steuerung von Prozessen bereit, die in mehreren DV-Systemen bearbeitet werden. Um die workflowgesteuerte Kopplung von Systemen zu vereinfachen, nutzt SAP als aktives Mitglied die von der Workflow Management Coalition (WFMC) verabschiedeten Standards.

4.2 Internet und Intranet

Internet revolutioniert in ungeahntem Maße das private wie das geschäftliche Umfeld. Jeder kann heute ohne große Investitionen dieses globale digitale Netz nutzen. Es schafft weltweit über Informationsserver die Verbindungen zwischen Konsumenten und Unternehmen in allen denkbaren Konstellationen. Die Netzkapazität wird aufgrund der stürmischen Nachfrage ständig erweitert und die Bandbreite der Anwendungen wird kontinuierlich zur vollwertigen Multimedia-Tauglichkeit ausgebaut, so daß neben Daten und Texten auch Bilder, Audio- und Videoaufzeichnungen versandt werden können. Dabei sind für die Kommunikation die entsprechenden Multimediaformate entwickelt worden [13].

Internet bietet die grundlegende technologische Infrastruktur für die Kommunikation: Bei der unternehmensinternen Nutzung spricht man von Intranet; während im Falle der Nutzung eines eigenen Netzes bei flexiblen unternehmensübergreifenden Organisationsformen bis hin zu virtuellen Ausprägungen von Extranet gesprochen wird.

Anfangs konzentrierte sich die Internet-Technologie darauf, Dokumente und Mails auszutauschen oder als elektronisches Marketinginstrument zu dienen. Homepages, die dem Interessenten Unternehmens- und Produktinformationen bieten, sind die traditionellen Nutzungsmöglichkeiten des Internet. Mittlerweile gibt es im Internet eine Fülle von Self-Service-Anwendungen. Der Markt erfordert heute jedoch die sachgerechte Einbindung des Internet in die Geschäftsprozesse, gerade dann, wenn sie unternehmensübergreifend sind. Virtuelle Organisationsformen, die Lieferanten, Kunden und Partnerunternehmen einbinden, müssen zielgerichtet und effizient unterstützt werden. Dadurch können Unternehmen schneller und kostengünstiger handeln und nur so lassen sich neue Märkte rascher und einfacher erschließen.

Der kostengünstige Zugang, die Verfügbarkeit rund um die Uhr und die leichte Bedienbarkeit selbst für ungeübte Anwender sind bestechende Vorteile des Internet. SAP hat die Business-Komponenten internetfähig gemacht. Die bestehende dreistufige Client-Server-Architektur erweitert sich so zu einer mehrstufigen Architektur und erlaubt damit eine applikationsbezogene Skalierbarkeit des Systems.

BAPIs spielen bei der Internet-Architektur eine Schlüsselrolle. Denn nur durch BAPIs ist der interne und externe Zugriff auf Daten und Funktionen im System R/3 zur Abwicklung von Geschäftsprozessen aus Internet-Applikationen heraus möglich.

Mit Rel. 3.1 hat SAP damit begonnen, selbst eine Reihe von Internet-Anwendungen zu entwickeln und anzubieten (vgl. auch den zweiten Beitrag in diesem Sammelband). Hier seien nur wenige Beispiele erwähnt wie Online Banking, Stellenangebote und Bewerbungen (Personalwesen), Online-Bestellung, Schnelle Anforderung des Kundenservice und Projektrückmeldung.

4.3 Business Information Warehouse (BIW)

Das Management benötigt jederzeit aktuelle Informationen auf unterschiedlichsten Verdichtungsebenen, um fundiert entscheiden und die Geschäftsabläufe über Organisationseinheiten und Unternehmensgrenzen hinweg adäquat steuern zu können.

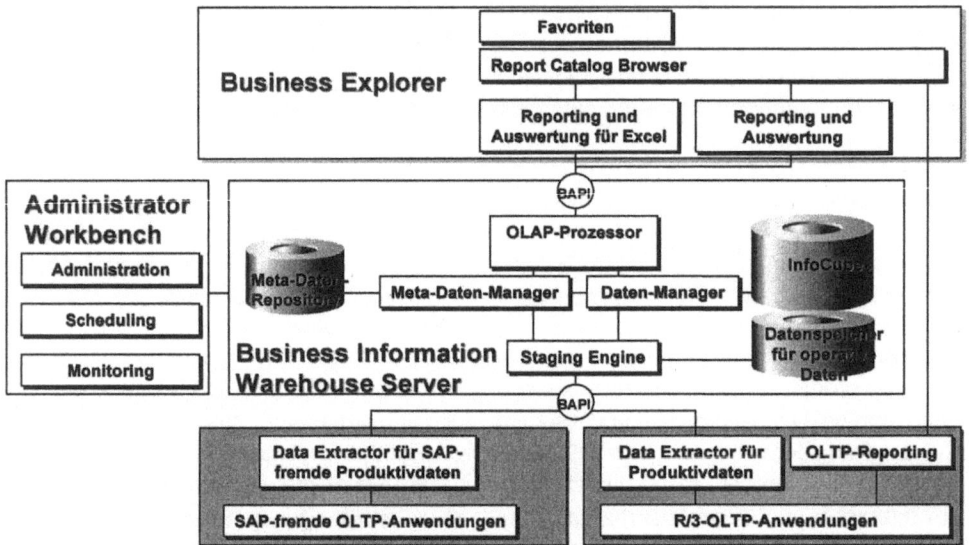

Abbildung 3: Architektur des Business Information Warehouse

Diesen hohen Anforderungen entspricht das Business Information Warehouse. Dieses ist eine eigenständige Komponente im Business Framework, die vorrangig den strategischen Informationsbedarf abdeckt. So lassen sich Übersichten, Kennzahlen und umfassende Auswertungen in Bezug auf wichtige Leistungsmerkmale auf der Basis eines modernen und offenen Data Warehouse erstellen. Hier werden durch eine Metastruktur Daten sowohl aus den SAP-Anwendungen als auch aus externen Quellen (z.B. Partnerprogrammen und Wirtschaftsinformationsdiensten) zusammengeführt.

Als übergreifendes Instrument enthält dieses Data Warehouse integrierte und beliebig verdichtete Daten in konsistenter Form aus ganz unterschiedlichen Quellen in einer eigenen Datenbank, die von den operativen Anwendungssystemen entkoppelt ist.

Mit dem Business Information Warehouse werden vorkonfigurierte Informationsmodelle und Berichtsvorlagen ausgeliefert, mit denen der Anwender einfach und rasch seinen Informationsbedarf abdecken kann. Benutzerfreundliche Werkzeuge, sogenannte OLAP-Tools, erlauben anhand von Informationswürfeln („InfoCubes") die Gestaltung individueller Auswertungen. Mehrdimensionale Analysen liefern die erforderlichen Sichten auf das Datenmaterial und der Rückschluß auf die zugrundeliegenden Einzelfälle (drill down) gewährleistet den Einzelverwendungsnachweis.

Über das Meta-Data-Repository werden die eigentlichen Daten mit den zugehörigen Stammdaten (z.B. Verantwortlicher, Organisationseinheit) verknüpft. Ferner wird inhärentes Wissen abgelegt. So können einige mathematische Operationen auf die Daten ausgeschlossen (z. B. Kummulationsverbot) und nur betriebswirtschaftlich sinnvolle zugelassen werden.

Die Datenbeschaffung wird maschinell unterstützt und ist weitgehend automatisierbar. Über den Business Explorer hat der Anwender Zugang zu einem Informationskatalog, der Auswertungen zu unterschiedlichen Anwendungsbereichen wie Personalwirtschaft, Rechnungswesen oder Logistik anbietet. Die Auswertungsergebnisse lassen sich zur Präsentation direkt an Tabellenkalkulationsprogramme und Präsentationstools übergeben. Hier können die Daten weiter bearbeitet werden und lassen sich durch prägnante Graphiken visualisieren.

Restringierte Zugangskontrollen und Berechtigungen für bestimmte Berichte sichern den individuellen Informationsbedarf und verhindern den Auswertungen von Daten, die nicht mehr im Zuständigkeitsbereich des Anwenders liegen.

4.4 ALE für verteilte Prozesse

Die Architektur des Business Framework legt es nahe, daß seine Komponenten auch dann miteinander kommunizieren können, wenn sie auf mehrere Systeme verteilt sind und semantisch synchronisiert ablaufen müssen. Gerade bei dezentralisierten Standorten besteht für die Unternehmung die Anforderung, die Verbindung so zu gestalten, daß die Systeme die meiste Zeit unabhängig voneinander arbeiten und trotzdem durchgängige Geschäftsprozesse als eine Einheit behandeln. Application Link Enabling (ALE) [9] bietet hierzu eine Integrationstechnologie an, die über den normalen Nachrichtenaustausch hinausgeht und die anwendungsbezogene Bedeutung berücksichtigt. So werden betriebswirtschaftliche Informationen etwa zu Koordinations- und Steuerungszwecken geliefert. ALE gewährleistet die Konsistenz der Daten innerhalb der gesamten Verteilung.

Eine zentrale Datenbank ist nicht mehr erforderlich. Die Übertragung der Daten erfolgt durch BAPIs erschlossene intermediate Documents (IDOCs). Ein solches Dokument enthält neben den Applikationsdaten auch die Verarbeitungsprozesse, die im Zielsystem angestoßen werden müssen. Mit ALE lassen sich R/3-Prozesse mit externen Prozessen verbinden, so daß aus Anwendungssicht ein integrierter Prozeß entsteht.

5 Systemkonfiguration, Implementierung und Einführung

5.1 Business Engineer

Die heutigen Wettbewerbsbedingungen und die neuen Organisationsformen zwingen die Unternehmen zu einer kontinuierlichen Anpassung der betrieblichen Abläufe und damit oft zu einer Rekonfiguration des R/3-Systems. Die Marktdynamik prägt im besonderen Maße die Belange des Change Management, das sich kontinuierlich mit dem Business Reengineering und der adäquaten Systemeinstellung befassen muß.

Daher ist ein Werkzeug gefordert, das R/3 schnell, einfach und effizient konfigurieren kann. Mit dem R/3 Business Engineer sind sowohl phasenweise Einführungen als auch permanente Änderungen an bestehenden Konfigurationen jederzeit möglich, ohne den laufenden Betrieb unterbrechen zu müssen. Der Business Engineer [5] unterstützt hervorragend das „configure-to-order".

Der Business Engineer führt den Anwender schrittweise und systematisch bei der Erstellung des Unternehmensmodells (Business Blueprint) und kommuniziert mit ihm in einer ihm vertrauten Sprache. Gezielt werden die Organisationsstruktur, die Prozesse und betriebswirtschaftlichen Modelle nach und nach so festgelegt, daß sie den konkreten Anforderungen exakt entsprechen.

Der Business Engineer wird durch seine Verankerung im R/3-Referenzmodell zu einem mächtigen systemimmanenten Werkzeug. Durch das Referenzmodell lassen sich die unterschiedlichen Sichten wie Daten-, Prozeß-, Informations-, Funktions- und Organisationssicht nutzen, um die Konfiguration betriebswirtschaftlich zu fundieren und die Implementierung zielgerecht vorzunehmen.

Die verschiedenen Sichten des Referenzmodells werden im Business Engineer in eine hierarchische Baumstruktur eingebunden. Dies garantiert eine betriebswirtschaftlich fundierte Konstruktion des eigenen Unternehmensmodells. Bei der Erstellung dieses Business Blueprint wird der Anwender interaktiv durch Fragen und Antworten geführt. Es werden Fragen zu Organisationseinheiten, Prozessen und Szenarien sowie Funktionen gestellt. Bei deren Beantwortung finden Validierungsprüfungen statt. Diese stellen sicher, daß die getroffenen Entscheidungen mit den Geschäftsregeln und der R/3-Funktionalität vereinbar sind. Der komplette Entscheidungsweg während der Konfiguration wird automatisch protokolliert und ist damit jederzeit nachvollziehbar.

Das resultierende Unternehmensmodell wird im Repository als Metabeschreibung der Konfiguration gespeichert. Bei Bedarf sind hier Änderungen jederzeit möglich.

Beim Entwurf eines Unternehmensmodells ist es unerläßlich, die gewünschte Struktur, die Geschäftsprozesse etc. festzulegen. Dabei wird versucht, die Schwächen des aktuellen Modells zu vermeiden, Verbesserungsmöglichkeiten weitgehend zu nutzen und anhand der umfangreichen R/3-Funktionalität die Geschäftsprozesse einfacher zu handhaben und zu unterstützen. Die enge Verbindung des Business Engineer zum Referenzmodell erleichtert die Erstellung eines qualitativ hochwertigen Unternehmensmodells, das damit eine solide Grundlage für die Einführung von R/3 darstellt.

Der Business Engineer ist ein wissensbasiertes Werkzeug, in das das Know-how und die Erfahrungen eingeflossen sind, die SAP über viele Jahre im integrativen Einsatz der einzelnen Anwendungen in unterschiedlichen Branchen gewonnen hat. Streng betriebswirtschaftlich ausgerichtet wird der Anwender durch einen baumartig strukturierten Fragenkatalog geführt. Beginnend mit der obersten Ebene der globalen Struktur des Unternehmens dringt der Anwender in immer tiefere Ebenen bis hin zu konkreten Funktionen vor (Top-down-Methode). Abhängig vom Bearbeitungsstand dienen die gegebenen Antworten der weiteren Spezifikation des Untermodells oder detaillieren die Konfiguration des Systems. Häufig werden bereits vom System verschiedene Antworten angeboten. Per Mausklick wählt dann der Anwender die zutreffende Antwort aus. Diese kann weitere Fragen erfordern oder erübrigen, da dadurch Szenarien, Prozesse oder Funktionen an- oder abgewählt werden können. Der R/3 Business Engineer verfügt über die nötige „Intelligenz", um die erforderlichen Fragen herauszufiltern und so eine konsistente Konfiguration sicherzustellen.

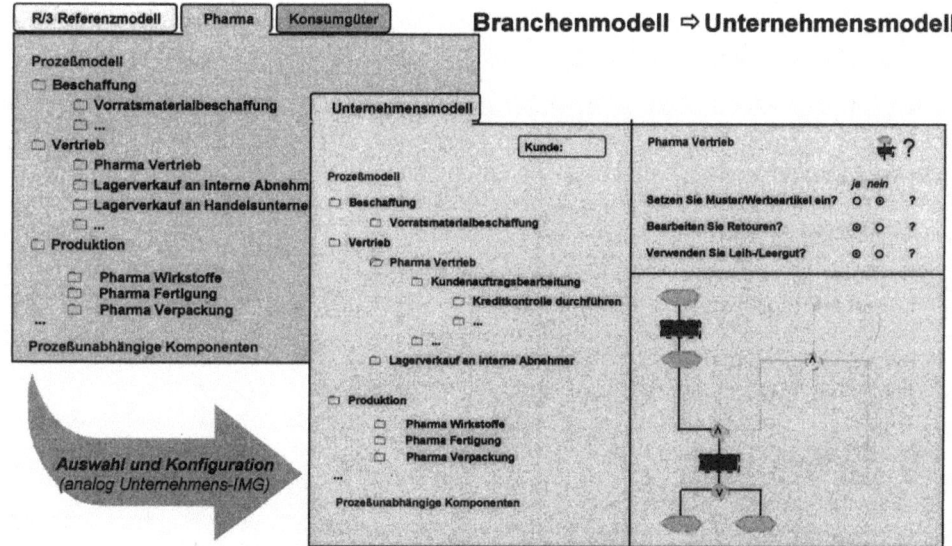

Abbildung 4: Konfiguration des Unternehmensmodells

Der R/3 Business Engineer unterstützt die Teamarbeit. Offline können die Teams in mehreren getrennten Zweigen des Unternehmensmodells arbeiten. Sobald die Teams ihre Arbeit abgeschlossen haben, werden die Ergebnisse zusammengeführt. Die Konsistenz des Gesamtmodells wird dann automatisch geprüft.

5.2 Branchenvorlagen und Customizing

Spezifische Abläufe und Organisationsstrukturen charakterisieren die Geschäftspraxis einer jeden Branche. Darüber hinaus verwendet diese ihre eigene Terminologie Beide Aspekte sind im Business Engineer berücksichtigt, was die Unternehmensmodellierung und die Systemeinführung beschleunigt. Ausgangspunkt ist die Analyse der Geschäftsfelder und der dort erbrachten Wertschöpfung. In der Regel basiert die Wertschöpfung auf einer Kette verbundener Prozesse, weshalb auch genauer von einer Wertschöpfungskette gesprochen wird. Eine Wertschöpfungskette faßt u.U. Geschäftsszenarien organisationsübergreifend zusammen. Ein Geschäftsszenario stellt eine Zusammenfassung von Prozessen dar, die aus betriebswirtschaftlicher Sicht eine Anwendungseinheit bilden. „In Szenarien wird nicht nur die zeitliche und sachlogische Anordnung von Ereignissen und Prozessen modelliert, sondern auch die Spezialisierung von Prozessen" [2]. Szenarien in Verbindung mit der branchenspezifischen Terminologie erlauben eine unmittelbare Identifikation des Anwenders mit seinem eigenen Geschäftsgebaren und den damit einhergehenden Geschäftsprozessen. Beispiele für Geschäftsszenarien sind Beschaffungsarten, etwa die Beschaffung von Lagermaterialien oder die Beschaffung von externen Dienstleistungen. Oder im Bereich der Fertigung lassen sich die Szenarien Serienfertigung, Losfertigung, Einzelfertigung etc unterscheiden.

In der Regel dienen die im Referenzmodell aufgeführten Prozesse der Durchführung unterschiedlicher Aufgaben, die jedoch innerhalb einer Branche häufig nicht im vollen Umfang anfallen. Um den Zuschnitt auf den jeweiligen Anwendungsbereich zu erzielen, sind daher zielgerichtet die gewünschten Prozeßwege herauszufiltern (Redlining, d.h. Markieren der benötigten Ereignisse, Funktionen usw.). Zur Reduzierung eines Prozesses auf die erforderliche Aufgabenstellung lassen sich im Rahmen der Konfiguration Prozeßelemente deaktivieren. Diese Reduktion von Ereignissen und Funktionen führt zu Prozeßvarianten. Durch weitere Spezialisierungen von Funktionen ergeben sich Funktionsvarianten. Die für die Wertschöpfungskette konfigurierten Prozeßwege werden auf ihre Konsistenz geprüft und als Teil der Systemeinrichtung gespeichert.

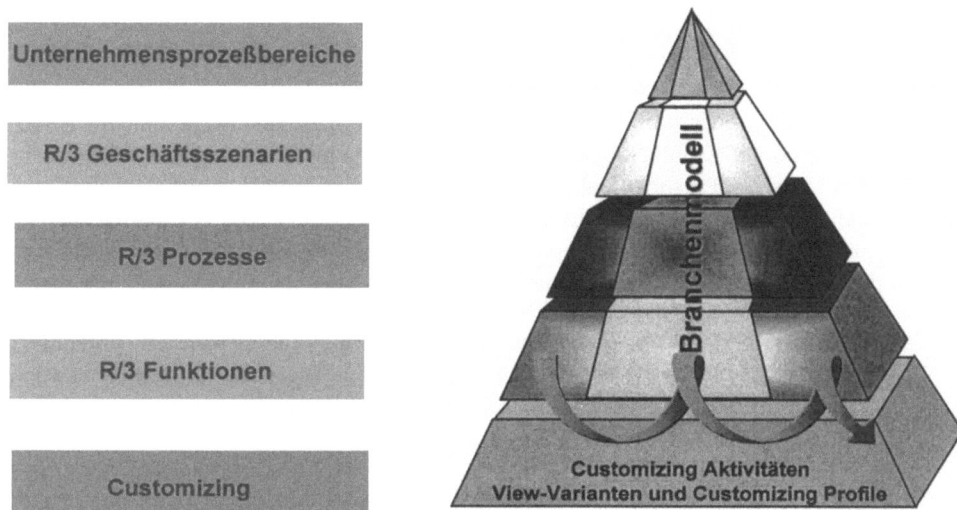

Abbildung 5: Das Branchenmodell im R/3

Durch die Auswahl der Geschäftsszenarien und die Konfiguration der Prozesse werden auf Prozeßmodellebene Branchenvorlagen erzeugt. Soll eine Vorlage nicht nur Erklärungscharakter haben, sondern auch Gestaltungsnutzen bringen, ist die Implemetierungsebene einzubinden. Dies geschieht durch Festlegung der Stellgrößen, die eine Spezifizierung von Funktionen und damit eine Softwareadaption an branchenspezifische Anforderungen darstellen. In der Regel ist hierzu eine Menge von sog. Customizingparametern festzulegen, die mit den Elementen der Prozeßmodelle verknüpft sind. Diese Festlegungen werden im System als Customizing-Profil hinterlegt. Für die bestehenden Branchen (z.Z. 15) werden in naher Zukunft solche Vorlagen, die branchenspezifische Geschäftsprozeßmodelle und vorkonfigurierte R/3-Systeme umfassen, ausgeliefert, mit deren Hilfe die Implementierung beschleunigt wird. Die Vorlagen lassen sich durch Hinzufügen, Verändern oder Entfernen einzelner Szenarien oder Prozesse flexibel auf die individuellen Belange der Unternehmung zuschneiden.

Die eben beschriebene top-down Vorgehensweise ist ein strukturierter Ansatz, der unterschiedliche Modellebenen durchläuft. Durch Festlegungen auf einer Ebene reduziert sich die Vielfalt der Alternativen der nachfolgenden Ebene. Durch die Verbindung der Modellierung zum Customizing wird die gesamte Implementierung von der systemtechnischen auf die betriebswirtschaftliche Ebene verlagert.

5.3 AcceleratedSAP (ASAP)

Business Engineer und Branchenvorlagen sind wichtige Hilfsmittel zur Implementierung der Software. Mit AcceleratedSAP (ASAP) ist ein umfangreiches Implementierungsprogramm ins Leben gerufen worden, um SAP-Komponenten schnell einzuführen und den laufenden Betrieb zu verbessern.

Das Entwicklungsteam hat die jahrelangen Erfahrungen von Kunden und Beratern zusammengetragen und analysiert, um die erfolgreichen Methoden zur beschleunigten Einführung zu identifizieren, Redundanzen bei der Implementierung zu eliminieren und mittels Business Engineer stärker automatisiert das System zu konfigurieren. Mit ASAP läßt sich basierend auf Kundenangaben im voraus eine erste Schätzung des Ressourcenbedarfs -Zeit, Kosten, Personen- abgeben. Hierzu werden mittels eines vorgefertigten Katalogs die erfahrenen Anwender und Abteilungsleiter befragt. Die Antworten werden dann verglichen mit Daten, die über bereits durchgeführte Implementierungen vorliegen. Anhand dieser historischen Informationen sind die erforderlichen Schätzungen möglich.

Die ASAP-Methode beruht auf sechs Phasen. Ein Implementationsassistent unterstützt die Vorgehensweise. Ein Leitfaden begleitet den Kunden durch die einzelnen Phasen; ferner enthält er Prüflisten und Projektpläne. Die Phasen im einzelnen sind:

- Projektvorbereitung und organisatorische Voraussetzungen
  Ein Projektleitfaden wird erarbeitet und das Implementierungsteam, das repräsentativ für alle Anwendungen ist, zusammengestellt. Dieses Team erhält einen Überblick über die erforderlichen Produktkomponenten und den Implementierungsprozeß.

- Business Blueprint
  Durch Fragen, Interviews, Gruppendiskussionen und Managementsitzungen lernen die Projektmitarbeiter das Kerngeschäft kennen und dokumentieren die aktuellen Geschäftsprozesse. Hieraus resultiert ein umfassender Business Blueprint.

- Simulation
  Sobald der Business Blueprint verabschiedet ist, beginnen intensive Schulungen im R/3-System. Gleichzeitig starten die Berater mit der Konfiguration des Systems gemäß dem Blueprint. Durch Nutzung von Best Practices können die Teammitglieder einen hohen Anteil der Konfiguration aufgrund der Schulung vornehmen.

- Validierung
  In Detailarbeit wird geprüft, ob die Konfiguration exakt den Geschäftsszenarien entspricht. Andernfalls wird der Geschäftsablauf solange geändert, bis er optimal ist. Ferner werden die Teile ergänzt, die in der Simulationsphase ausgeklammert worden sind.

- Produktionsvorbereitung
  Intensive Tests - auch von Schnittstellen- werden durchgeführt. Die Endanwender werden geschult. Diese erwerben dabei die Fähigkeit, das System zu bedienen und für ihre Aufgaben zu nutzen. Hierbei ist auf die Akzeptanz des konfigurierten Systems besonders zu achten.

- Produktivstart und Support
  Zu diesem Zeitpunkt sind die Mitarbeiter des Unternehmens in der Lage, das System selbständig zu nutzen. Die Berater sind nur wegen spezieller Arbeiten, z.B. Monatsabschluß, vor Ort. SAP bietet eine Reihe von Dienstleistungen etwa Early Watch, Remote Beratung oder zur Qualitätssicherung an.

ASAP bringt wesentliche Vorteile mit sich:

- Die Einführung erfolgt schnell.
- Berater und Partner verwenden eine einheitliche Implementierungsmethode.
- Die Systemeinführung ist qualifiziert und basiert auf erprobtem Know-how.
- Die verfügbaren Ressourcen werden effizient genutzt.
- Die Ergebisse sind für weitere Einführungen wiederverwendbar.
- Die Einführungskosten sind gering und ein schneller ROI -Return on Investment, Return on Information- ist gesichert.

Literaturverzeichnis

[1] Hinterhuber, H, und Stuhec, U.: Kernkompetenzen und strategisches In-/ Outsourcing. In: H. Albach (Hrsg.): Marketing, ZfB Ergänzungsheft (1997) 1. Wiesbaden 1997, S. 1-20.
[2] Keller, G. und Schröder, G.: Konfiguration betriebswirtschaftlicher Anwendungssysteme. In: A.-W. Scheer (Hrsg.): Rechnungswesen und EDV. Heidelberg 1996, S. 365-388.
[3] Linden, F.: Wachsen im Netz. In: Manager Magazin (1997) 7, S. 102-113.
[4] Picot, A. Reichwald, R. und Wigand, R.: Die grenzenlose Unternehmung - Information, Organisation und Management. Wiesbaden 1996.
[5] SAP (Hrsg.): R/3 Business Engineer. Wissensbasierte, interaktive R/3 Konfiguration und kontinuierliche Anpassung. Walldorf 1997.
[6] SAP (Hrsg.): Das Business Framework. Walldorf 1997
[7] SAP: Der betriebswirtschaftliche Nutzen des Business Framework. Walldorf 1997.
[8] SAP (Hrsg.): System R/3 SAP Business Workflow. Walldorf 1997.
[9] SAP (Hrsg.): System R/3 Technologie-Infrastruktur, Walldorf 1997.
[10] Scheer, A.-W., Kraemer, Nüttgens, M. und Zimmermann, V.: Kundenorientierung in Industrie, Dienstleistung und Verwaltung. In: A.-W. Scheer (Hrsg.): Rechnungswesen und EDV. Heidelberg 1996, S. 3-26.
[11] Schober, F.: Interdependenzen von Unternehmensstrategien und Informations- und Kommunikationsstrategien. ZfB 1996, S. 29-48.
[12] Scholz, C.: Strategische Organisation: Prinzipien zur Vitalisierung und Virtualisierung. Landsberg/Lech 1997.
[13] Tapscott, D.: The Digital Economy. New York 1996.

Internet-basierte Geschäftsprozesse mit Standardsoftware

von Prof. Dr. Dr. h.c. August-Wilhelm Scheer, Markus Bold und Michael Hoffmann

Inhaltsübersicht

1 Geschäftsprozesse
    1.1 Geschäftsprozesse im Unternehmen
    1.2 Geschäftsprozesse und Standardsoftware
2 Internet als Basistechnologie für den Electronic Commerce
    2.1 Die Entstehung des Internets
    2.2 Abgrenzung Intranet, Extranet und Internet
    2.3 Electronic Commerce
        2.3.1 Definition und Begriffsabgrenzung
        2.3.2 Arten von Electronic Commerce
        2.3.3 Nutzenpotentiale des Electronic Commerce
3 Internetanbindung von Standardsoftware
    3.1 Technische Realisierung
    3.2 Rahmenbedingungen
        3.2.1 Sicherheit
        3.2.2 Güteraustausch
        3.2.3 Zahlungsmedien
4 Electronic Commerce mit Standardsoftware
    4.1 Logistikprozesse
        4.1.1 Produktionslogistik
        4.1.2 Beschaffungs- und Vertriebslogistik
        4.1.3 Personallogistik
    4.2 Leistungsgestaltungsprozesse
    4.3 Informations- und Koordinationsprozesse
5 Ausblick

1 Geschäftsprozesse

Trotz einer Vielzahl unterschiedlicher Reorganisationskonzepte haben sich in den letzten Jahren die Geschäftsprozesse als zentraler Betrachtungsgegenstand organisatorischer Umgestaltungen herausgebildet. Zur effizienten Unterstützung von Geschäftsprozessen bieten sich eine Reihe von Informations- und Kommunikationstechnologien wie Internet, Workflow-Management und Groupware an.

Durch die sprunghafte Zunahme der Benutzerzahlen und Server hat das Internet einen hohen Duchdringungsgrad gefunden. Während elektronische Marktplätze und elektronischer Handel [22] in Deutschland noch in den Anfängen steckt, entwickeln sich die virtuellen Marktplätze in den USA rasant. Der Informationsfluß zwischen Unternehmen wird durch das Internet verbessert. Beispielsweise können die Kosten der Auftragsbearbeitung deutlich gesenkt werden.

Sinkende Kommunikationskosten ermöglichen eine stärkere Arbeitsteilung zwischen Unternehmen. Produktangebote und Informationen erhalten eine globale Reichweite, das Internet beeinflußt und verändert die unternehmensweite Datenverarbeitung und die Anwendungslandschaft nachhaltig.

In diesem Artikel wird untersucht, wie Intranet, Extranet und Internet für die Abwicklung betriebswirtschaftlicher Prozesse wie Angebotseinholung, Auftragsabwicklung, Bestellwesen oder Kundenservice genutzt werden können.

Hierzu wird in diesem Kapitel mit der Betrachtung der Geschäftsprozesse im Unternehmen das begriffliche Fundament für die weitere Arbeit gelegt. Anschließend wird das Internet sowie die Arten des Electronic Commerce vorgestellt. Der Hauptteil des Beitrages untersucht, inwieweit Intranet, Extranet und Internet die Abwicklung der Geschäftsprozesse verändern und wo die Einsatzpotentiale bzw. Grenzen liegen.

1.1 Geschäftsprozesse im Unternehmen

Prozesse umfassen eine Menge von Operationen, die nacheinander im System durchzuführen sind. Es handelt sich um inhaltlich abgeschlossene Vorgänge, die in einem logischen Zusammenhang stehen und auf die Erreichung einer vorgegebenen Leistung (Unternehmensziele) abzielen. Ereignisse lösen Prozesse aus und sind wiederum Ergebnis der Prozesse. Inputdaten werden zu Outputdaten verarbeitet. Bezogen auf ein Unternehmen beschreibt ein Geschäftsprozeß einen zeitlich logischen Ablauf von Funktionen im Unternehmen, die objektgetrieben instanziert werden. Unternehmensprozeß oder Unternehmungsprozeß werden in der Literatur synonym zu Geschäftsprozeß verwendet. Geschäftsprozesse können anhand der Architektur integrierter Informationssysteme (ARIS) mit ereignisgesteuerten Prozeßketten (EPK) beschrieben werden.[18]

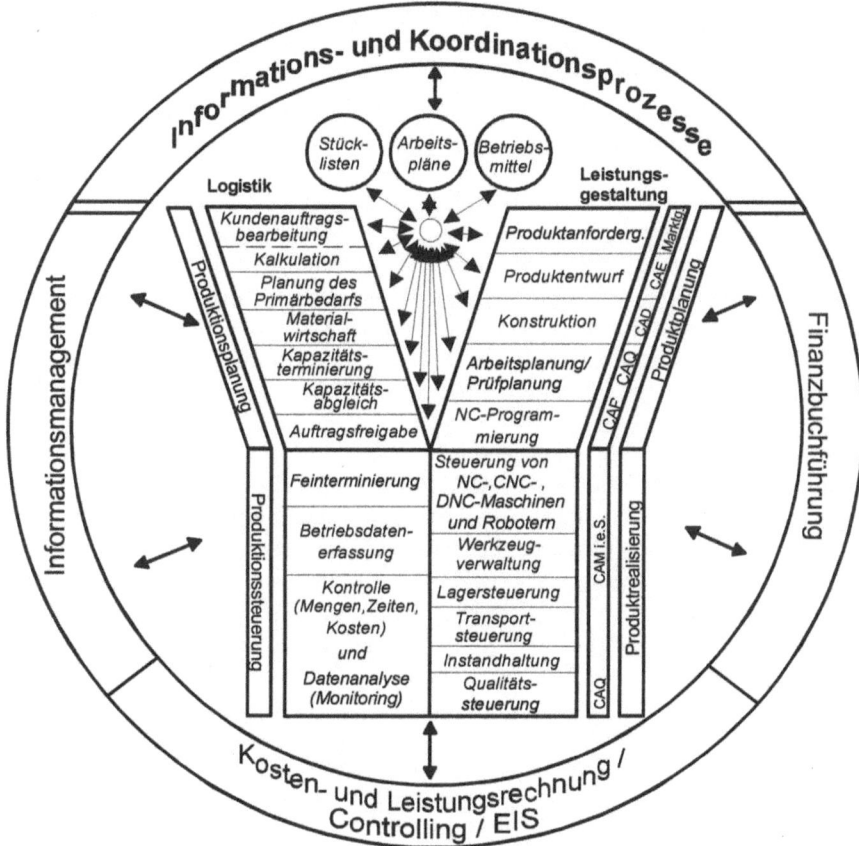

Abbildung 1: Geschäftsprozesse[18]

Als Rahmen zur strukturierten Einordung und anschaulichen Darstellung der potentiellen Nutzung des Internet in den Geschäftsprozessen wird das Y-CIM-Modell verwendet. Das Y-CIM Modell (vgl. Abbildung 1) beschreibt die in Industrieunternehmen ablaufenden Geschäftsprozesse,[18] analoge Darstellungen existieren für Verwaltungen, Dienstleistungs- und Handelsunternehmen.[2] Die Geschäftsprozesse werden in Logistikprozesse, Leistungsgestaltungsprozesse und Informations- und Koordinationsprozesse unterteilt. Die relevanten Geschäftsprozesse und die Schnittstellen zwischen verschiedenen Unternehmensbereichen, mehreren Unternehmen oder Unternehmen und Kunden werden an entsprechender Stelle erneut aufgegriffen und genauer erläutert.

1.2 Geschäftsprozesse und Standardsoftware

Standardsoftware hat sich in den vergangen Jahren gegenüber eigenentwickelter Software mehr und mehr durchgesetzt. Standardsoftware zeichnet sich dadurch aus, daß sie Prozesse, die in einem Großteil der Unternehmen vorkommen, unterstützt. Im Unterschied zu Individual- wird Standardsoftware für einen anonymen Markt entwickelt.

Standardsoftware hat einen definierten Preis, das Know-how zur Entwicklung muß nicht im Unternehmen aufgebaut werden, ist sofort verfügbar, genügt aufgrund vieler Prüfer hohen Qualitätsansprüchen und kann erweitert werden. Der Support durch Hersteller oder deren Vertriebspartner ist meist effektiver und kontinuierlicher als bei selbsterstellter Software durch eigene Mitarbeiter.

Unternehmensanforderungen an moderne Informationssysteme führten zur Entwicklung hochintegrierter und über große Bereiche skalierbarer Standardsoftwaresysteme. Es handelt sich in der Regel um Client-Server-Architekturen, die monolithische Systeme für Großrechenanlagen abgelöst haben. Der stetige Preisverfall im Low-End-Bereich führt zu einem effizienteren Einsatz von Informationssystemen der Client-Server-Architektur.[17] Deren Durchdringungsgrad und damit die Benutzerzahlen steigt durch die Entwicklung von Netzwerkcomputern weiter.

Die Einführung und laufende Anpassung von betriebswirtschaftlicher Standardsoftware ist komplex, zeit- und kostenintensiv. Modellbasiertes Customizing senkt die Kosten und Zeiten, indem es betriebswirtschaftliche Gestaltungsspielräume der Standardsoftware auf Fachkonzeptebene anhand von Modellen der Geschäftsprozesse diskutiert. Beispielsweise existieren für das Standardsoftwarepaket R/3 von SAP umfangreiche Prozeßmodelle. Die Modellierung basiert auf der von Scheer entwickelten ARIS-Architektur.[10] Auch für andere Standardsoftwarepakete wie Baan IV und Oracle Applications existieren Softwarereferenzmodelle.

Der Begriff des Referenzmodells trifft dabei insofern zu, als die Softwarereferenzmodelle bei der Auswahlentscheidung und Konzeption als Vorlage zur Ableitung unternehmensspezifischer Modelle genutzt werden können.

2 Internet als Basistechnologie für den Electronic Commerce

Das Internet ist als Wissenschaftsnetz fast 30 Jahre alt. Es ist das derzeit größte weltumspannende Computernetz, welches als Informationspool viele multimediale Formate unterstützt. Leichte Erlernbarkeit der im Internet unterstützten Techniken wie HTML (Hypertext Marking Language) und Standardisierungsbestrebungen, wie der Schaffung einer multimedialten Benutzeroberfläche, dem WWW (World Wide Web), führten in jüngster Zeit zu einem exponentiellen Zuwachs der Benutzerzahlen auch im privatwirtschaftlichen Bereich. Der wachsende Druchdringungsgrad der Internettechnologie in der Bevölkerung eröffnet den Unternehmen Potentiale diese Technologie für Marketing und Geschäftstransaktionen effizient zu nutzen.[19]

2.1 Die Entstehung des Internets

Abbildung 2 zeigt die wichtigsten Meilensteine der Entstehung des Internet. Eine ausführliche Beschreibung kann der Literatur entnommen werden.[6]

1969: Gründung des ARPANET (Advanced Research Projects Agency). Es entsteht ein überregionales Netzwerk aus vier Computern der Defense Advanced Research Projects Agency (DARPA), welches die University of California, die University of Santa Barbara, die University of Utah und das Stanford Research Institute (SRI) verbindet.

1972: 50 Forschungseinrichtungen der USA sind an das ARPANET angeschlossen. Der Service File Transfer Protocol (FTP), der die Übertragung von Dateien zwischen einzelnen Rechnern im Netz ermöglicht, wird implementiert. E-Mail wird zur Kommunikation zwischen den angeschlossenen Benutzer eingeführt.

1977: 111 Rechner sind im ARPANET verbunden. Das Transmission Control Protocol / Internet Protokol (TCP/IP) wird erstmals als Form für sichere Datenübertragung eingesetzt.[3]

1978: UNIX, das übliche Betriebssystem für Workstations wird um das Unix to Unix Copy Programm (UUCP) ergänzt. Es regelt die Verbindung von Rechnern über serielle Schnittstellen, also auch über Telefonverbindungen.

1980: Militärische Aktivitäten werden in ein eigenes militärisches Netz ausgegliedert.

1983: Das Internet entsteht durch die Deklaration von TCP/IP als verbindliches Protokoll über alle Plattformen hinweg.

1984: Das Domain Name System (DNS) wird entwickelt. Dieses Namensgebungssystem legt bis heute alle Internet-Namen (Adressen) fest.

1991: Mit dem World Wide Webs (WWW) wird eine mulimedialen Plattform für das Internet in den USA erstmals präsentiert.

1992: Gründung der Internet-Society, die über das Internet und die Internet-Gemeinschaft informiert.

1993: Entwicklung des ersten grafische Web-Browser für PC und Macintosh.

Abbildung 2: Meilensteine der Internet-Historie

2.2 Abgrenzung Intranet, Extranet und Internet

Die Klassifizierung der verschiedenen Anwendungsbereiche des Electronic Commerce erfolgt anhand der an den Transaktionen beteiligten Personen bzw. der Netze, über die die Geschäftstransaktionen abgewickelt werden. Neben dem bereits vorgestellten Internet sind dies:

- **Intranet**
  Mit Intranet wird ein unternehmensinternes LAN (Local Area Network) bezeichnet, welches Internet-Technologien wie TCP/IP und HTML nutzt, um auf einfache Art und Weise einen leicht skalierbaren und ohne großen Aufwand zu administrierenden Netzaufbau ermöglicht.

- **Extranet**
  Ein Extranet ist ein Netz, welches unternehmensweit und/oder im Unternehmensverbund genutzt wird. Es verbindet beispielsweise zwei Intranets an unterschiedlichen Standorten über das Internet. Spezielle Sicherheitsvorkehrungen wie Firewalls schützen vor unerlaubtem Zugriff von außen. Extranets werden insbesondere zur Unternehmenskommunikation mit Lieferanten genutzt.

2.3 Electronic Commerce

Mit einer Präsenz im Internet erreichen Unternehmen nicht nur Kunden im näheren Umkreis oder im nationalen Bereich, sondern ein internationales Kundenpotential wird erschlossen. Aufträge werden zusätzlich zu den traditionellen Möglichkeiten über das Internet initiiert. Dieser Fall wird auch als elektronischer Geschäftsverkehr oder engl. Electronic Commerce bezeichnet.

Schätzungen prognostizieren, daß das Volumen des Electronic Commerce in den nächsten Jahren rasant wächst. Dies betrifft insbesondere den Business-to-Business-Bereich (Handelsverkehr zwischen Unternehmen).[8] Abbildung 3 vergleicht die von verschiedenen Analysten geschätzten weltweiten Umsatzzuwächse. Dabei wird in die Bereiche Business-to-Consumer (Handel mit Privatkunden) und Business-to-Business unterschieden.

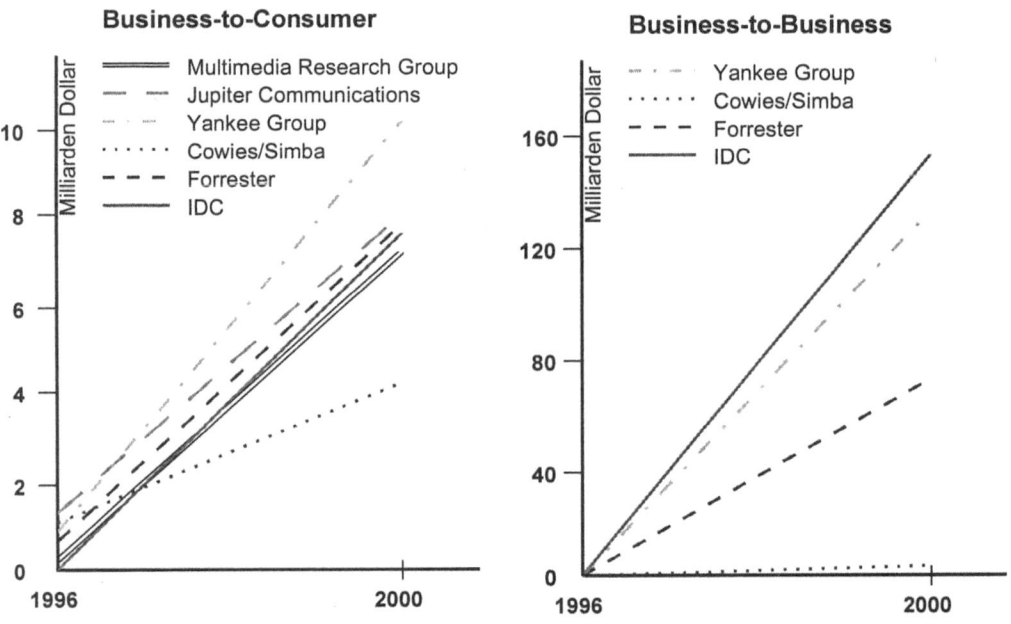

Abbildung 3: Geschätzte Umsatzzuwächse[14]

2.3.1 Definition und Begriffsabgrenzung

Der Begriff Electronic Commerce wird je nach Position des Betrachters wie folgt definiert:[7]

Kommunikationssicht:
Aus Kommunikationssicht bedeutet Electronic Commerce die Lieferung von Information, Produkten, Dienstleistungen und die Zahlungen oder die Initiierung der Zahlung über Medien wie Telefon, Fax oder Computernetzwerke.

Geschäftsprozeßsicht:
Aus Geschäftsprozeßsicht bezeichnet Electronic Commerce die Anwendung von Technologien der Informations- und Kommunikationstechnik auf operative Geschäftstransaktionen. Dies beinhaltet auch Prozesse, die über die Unternehmensgrenze hinausgehen und beispielsweise über das Internet Prozesse eines anderen Unternehmens instantiieren.

Servicesicht:
Durch Entwicklungen der Informations- und Kommunikationstechnologie wird eine Verbesserung der Qualitätskontrolle und Forcierung der Service-Geschwindigkeit angestrebt.

Online-Perspektive:

Electronic Commerce bietet die Möglichkeit Produkte und Informationen über das Internet zu kaufen und verkaufen. Je nach Beschaffenheit des Gutes ist eine Lieferung über das Netz möglich (Information, Software etc.). Ein Mehrwert gegenüber den anderen Handelsformen wird durch das Angebot zusätzlicher Onlinedienste erreicht.

Für die weitere Betrachtung wird in Electronic Commerce i.e.S. und Electronic Commerce i.w.S. unterschieden. Electronic Commerce i.e.S. bezeichnet Geschäftsprozesse, die den elektronischer Handel (Werben, Kaufen, Verkaufen auf einem elektronischen Marktplatz) betreffen. Electronic Commerce i.w.S. umfaßt alle Geschäftsprozesse, die durch die neuen Informations- und Kommunkationstechniken unterstützt werden.

2.3.2 Arten von Electronic Commerce

Im folgenden werden die verschiedenen Arten des Electronic Commerce kurz dargestellt.

In der Literatur wird unterschieden zwischen Intra-Business, Business-to-Business und Customer-to-Business.[7]

Intra-Business deckt den Bereich innerhalb der Organisation ab. Die Kommunikation und Informationsflüsse zwischen den einzelnen Organisationseinheiten werden unterstützt. Zusatzdienste wie beispielsweise Telefonverzeichnisse etc. werden angeboten.

Customer-to-Business und **Business-to-Business** unterstützen die Geschäftsprozesse zwischen der Organisation und externen Marktpartnern. Dies sind im Vertriebsbereich die potentiellen Kunden und im Beschaffungsbereich die Lieferanten.

Im Business-to-Business-Bereich wird der Geschäftsprozeß über die eigenen Unternehmensgrenzen ausgedehnt, indem Leistungen, die früher in der Organisation erbracht wurden auf Lieferanten übertragen werden. Beispielsweise werden Bestandskontrollen nicht mehr von der eigenen Lagerverwaltung durchgeführt, sondern der Lieferant für ein Teil oder eine Baugruppe, ist dafür verantwortlich, daß die ermittelte Sicherheitsmenge der betreffenden Teile nicht unterschritten wird.

Wie im Business-to-Business-Bereich werden im Business-to-Consumer-Bereich Geschäftsprozesse des Unternehmens über seine Grenzen hinweg ausgedehnt. Der potentielle Marktpartner, auf den Aufgaben übertragen werden ist jedoch nicht ein Lieferant, sondern ein Kunde, der beispielsweise mit der Initiierung eines Auftrages über das Internet seine Stammdaten in ein elektronisches Auftragsformular einträgt. Diese Daten werden automatisch mit den Inhalten der Unternehmensdatenbank abgeglichen, ohne daß ein Sachbearbeiter die Eingaben von einer schriftlichen Vorlage übernehmen muß oder mit Einträgen in der Datenbank abgleichen muß.

Die Differenzierungen im Electronic Commerce zeigt Abbildung 4. Die Kommunikation innerhalb der Organisation wird durch den hinterlegten Bereich in der Mitte der Abbildung dargestellt, während die Kommunikation mit den externen Marktpartnern Lieferanten und Kunden in den Randbereichen veranschaulicht ist.

Der Vollständigkeit halber seien noch die Bereiche **Business-to-Administration** und **Customer-to-Administration** genannt, deren Ziel die Unterstützung der Koordination der Betriebe bzw. des Bürgers mit den Organen des Staates bzw. der öffentlichen Verwaltung ist.[15] Diese Prozesse können als Spezialisierung der Bereiches Business-to-Business bzw. Customer-to-Business gesehen werden.

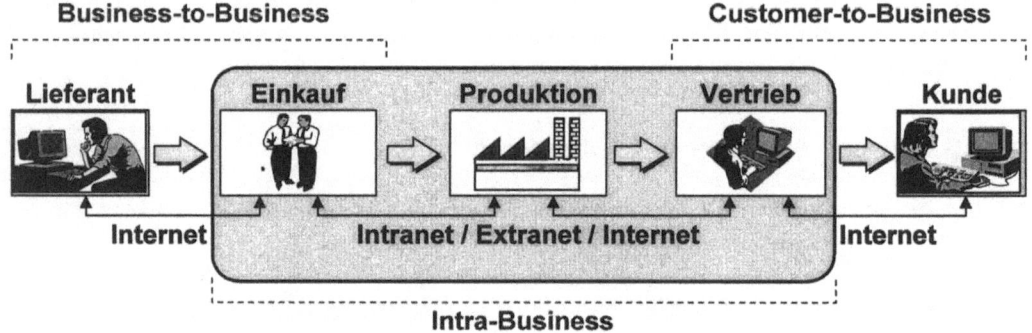

Abbildung 4: Electronic Commerce

2.3.3 Nutzenpotentiale des Electronic Commerce

Folgende Vorteile der Nutzung des Internets als Handelsmedium bestehen aus Sicht der Kunden:

- Das Medum steht dem Verbraucher rund um die Uhr zur Verfügung, so daß er sich keinen Ladenschlußzeiten unterwerfen muß,

- es bestehen keine Lokalen Bindungen, der Kunde hat Zugang zu einem weltweiten Angebot,

- die Inanspruchnahme der Services ist nicht mit Unangenehmlichkeiten wie Parkplatzsuche etc. verbunden,
- das Produktangebot erweitert sich ständig und
- das Auffinden bestimmter Produkte wird durch Suchmaschinen unterstützt.

Aus Sicht des Unternehmens gilt folgendes:

- mit den multimedialen Möglichkeiten des Internets lassen sich Produkte ansprechend und einfach präsentieren,
- die Marketingkosten werden gesenkt,
- eine weltweite Kundenbasis wird erschlossen,
- das Internet ermöglicht eine preisgünstige Datenübertragung,
- eine sofortige Reaktion auf Kundenwünsche oder Anfragen wird ermöglicht und
- bestehende Geschäftprozesse können erweitert und beschleunigt werden indem beispielsweise die Lagerhaltung auf Lieferanten übertragen wird (transparentes Lager), Kunden direkt ihre Daten erfassen oder Kunden jederzeit den Status ihres Auftrages erfahren können.

3 Internetanbindung von Standardsoftware

Eine Anbindung der Internetanwendungen an die Eingesetzte Standardsoftware unterstützt den Betrieb der für den elektronischen Handel unter Nutzung der Daten der operativen Anwendungen. Die Schnittstelle für die Internetanwendungen wird durch den Softwarehersteller bereitgestellt und muß nicht in einer Individuallösung erstellt werden. Redundanzen und Inkonsistenten werden somit vermieden.

Beispielsweise stellt die SAP AG in ihrer Standardsoftware zusätzlich zu der bisherigen Funktionalität zur Unterstützung von Geschäftsprozessen über das Internet Applikationen zur Verfügung. Bei der Einführung von R/3 machen diese Applikationen die Einführung zunächst einmal komplexer. Doch der höhere Zeit und Kostenaufwand der Einführung wird durch die effizientere Unterstützung der Geschäftsprozesse mehr als wettgemacht. Im folgenden wird kurz auf die technische Realisierung der Internetanbindung am Beispiel von SAP R/3 eingegangen, bevor einzelne Internetapplikationen beschrieben werden.

3.1 Technische Realisierung

Der folgende Abschnitt zeigt den Aufbau der erweiterten dreistufigen Client-Server-Architektur des R/3-Systems (vgl. Abbildung 5).

Die R/3-Internet-Anwendungen werden vom Kern des Systems R/3 abgetrennt. Der Übergang von der dreistufigen zu der mehrstufigen Systemarchitektur ermöglicht die erforderliche Skalierbarkeit für eine große Anzahl von Internetbenutzern. Der zusätzliche R/3 Internet Transaction Server kombiniert bestehende Internet-Technologie mit der R/3-Technologie. Dadurch wird ein sicherer Zugriff aus dem Intranet bzw. dem Internet auf alle R/3-Transaktionen ermöglicht. Ein zusätzlicher Web-Server verbindet Web-Clients mit betriebswirtschaftlichen Anwendungen. Abbildung 5 zeigt die Zugriffsmöglichkeiten möglicher Frontends auf das R/3-System via LAN und Internet.

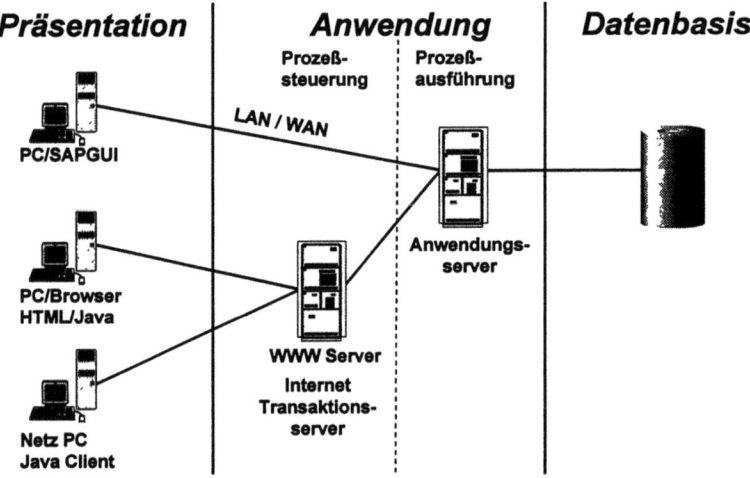

Abbildung 5: R/3-Internetanbindundung

Über die auf den Frontends installierte Benutzerschnittstellen wird der konventionelle Zugriff via LAN oder WAN auf den Anwendungsserver realisiert, der auf die Datenbasis zugreift. Bei Einbindung eines zusätzlichen WWW Servers erfolgt der Zugriff vom WWW Server über den Anwendungsserver auf die Datenbasis. Auf den Frontends (PC, NC) läuft ein plattformunabhängiger Java-Client, über den der Anwender auf den WWW Server zugreift und über den er die Iternet-Applikationen aufruft.

3.2 Rahmenbedingungen

3.2.1 Sicherheit

Sicherheitsaspekte spielen in allen Anwendungsbereichen des Electronic Commerce eine wichtige Rolle. Alle Sicherheitsanforderungen, die für Lokale Netze gelten, können auf die erweiterte Geschäftsprozeßunterstützung durch das Internet übertragen werden. Sensible Daten sind vor dem Zugriff durch nicht autorisierte Personen zu schützen, insbesondere solche, die den Fortbestand des Unternehmens sichern. Nur wenn bei potentiellen Anwendern das Vertrauen in die Sicherheit des gewählten Mediums besteht, wir die entsprechende Kommunikationstechnologie auf breiter Ebene eingeführt werden. Um die Sicherheit der Kommunikation über das Internet zu gewährleisten umgeben sich die Firmen mit einem sogenannten "Fire-Wall", einem technischen Schutzwall gegen unerlaubten Zugriff auf Unternehmensdaten.

Tritt ein potentieller Nutzer über das Internet an ein System heran, so muß er sich gegenüber dem System so ausweisen, daß zweifelsfrei geklärt ist, daß es sich um genau die dem System für die Ausführung bestimmter Transaktionen bekannte und autorisierte Person handelt.

Im Internet präsente Banken verschicken mit persönlichem Einschreiben eine Liste mit einer bestimmten Anzahl von Transaktionsnummern. Jede Transaktionsnummer ist nur einmal einsetzbar. Der Kunde identifiziert sich bei Aufrufen des Banking-Moduls mit einer Persönlichen Indentifikationsnummer. Führt er eine Transaktion aus, ist zusätzlich die Eingabe eines Transaktionscodes erforderlich.

Einige Firmen setzen auch auf Provider wie AOL oder CompuServe, die beispielsweise Online-Shopping nur ihrem Kundenkreis anbieten, dafür durch eigene Sicherheitsmechanismen und Protokolle eine gegenüber dem "Internet für Jederman" einen höheren Sicherheitsstandard erreichen.[9] Dies schränkt jedoch die potentiellen Kunden stark ein.

Neben der Authentifikation über Paßwörter existieren mittlerweile Verfahren, bei denen sich die User mit Chipkarten oder biometrischen Merkmalen an dem System anmelden. Gleichzeitig setzen Unternehmen Netzwerk-Angriffssimulatoren ein, mit denen die Sicherheit des Netzes auf die Probe gestellt wird.

3.2.2 Güteraustausch

Neben der Unterstützung der Geschäftsprozesse durch Kommunikation werden im begrenzten Umfang auch Güter und Informationsprodukte über das Internet ausgeliefert. Digitalisierbare "Waren" wie Software, Bild-, und Tondokumente werden über das Netz verschickt. Eine Grenze stellt dabei lediglich die Dokumentengröße in Verbindung mit der Übertragungsgeschwindigkeit dar.

3.2.3 Zahlungsmedien

Der rapide Zuwachs von Geschäftstransaktionen über das Internet fordert neue Zahlungsmöglichkeiten, die einen sicheren, schnellen, international gültigen und von Kunden und Geschäftsleuten akzeptierten Zahlungsverkehr ermöglichen. Neben dem Warenfluß wird auch das für die Waren zu zahlende Entgelt über das Netz transferiert.

Beispiele für solche Verfahren sind: [16]

- Electronic Fund Transfer,
- Digital Cash und
- Ecash.

4 Electronic Commerce mit Standardsoftware

Im folgenden werden die in Abbildung 1 dargestellten Geschäftsprozesse beschrieben und ihre Unterstützung durch die neuen Informations- und Kommunikationstechnologien aufgezeigt. Als Beispiele dienen die in R/3 implementierten Internet-Applikationen, im Text als Modul bezeichnet.[4]

4.1 Logistikprozesse

Logistik ist die planerische und dispositive Begleitung der Güterströme des Unternehmens. Der Begriff Logistik betont den Prozeßcharakter zu betonen. Demnach umfaßt die Logistik die Bewegung der Erzeugnisse zwischen dem Unternehmen und seinen Kunden, die Bewegung der Güter im Unternehmen und die Bewegung von Produktionsfaktoren zwischen den Lieferanten und dem Unternehmen.[18] In der Literatur unterteilt man in *Beschaffungs-*, *Produktions-* und *Vertriebslogistik*.[18] Abbildung 1 verdeutlicht die Verknüpfung der logistischen Zusammenhänge mit den anderen Unternehmensprozessen der Leistungsentwicklung und den Informations- und Koordinationssystemen.

4.1.1 Produktionslogistik

Die Produktionslogistik umfaßt die Begleitung des Auftragsdurchlaufs von der Primärbedarfsplanung bis zu Fertigstellung der Produktionsaufträge. In der Literatur wird Produktionsplanung und -steuerung synonym verwendet.[18]

Im folgenden wird untersucht, wie moderne Kommunikationstechniken Geschäftsprozesse der Produktionslogistik unterstützen können. Dabei wird gemäß den Bereichen des linken Astes des in Abbildung 1 dargestellten Y-Modells gefolgt.

Primärbedarfsplanung

In der Phase der Primärbedarfsplanung wird das Produktionsprogramm für Fertigprodukte festgelegt. Die Anzahl der zu produzierenden Verkaufsteile wird anhand von bestehenden Kundenaufträgen und Absatzprognosen festgelegt. Aus historischen Verkaufszahlen werden durch die Anwendung von Extrapolationsverfahren, auf die Verkaufsmengen der zu planenden Periode geschlossen. Gelegentlich werden auch Analysten mit Meinungsumfragen beauftragt. Solche Meinungsumfragen spielen besonders bei bevorstehenden Einführungen neuer Produkte eine wesentliche Rolle.

Neue Informations- und Kommunikationstechnologien versetzen die Unternehmen in die Lage, ohne großen Aufwand eigen Kundenumfragen durchzuführen.

Bei der Informationsbeschaffung für Umsatzprognosen beispielsweise können elektronisch auswertbare Fragebogen [13] verschickt werden oder Fragebogen ins Internet eingestellt werden, die beim Abschicken durch den potentiellen Kunden einen Datensatz in einer im Unternehmen hinterlegten Datenbank generiert. Statistikprogramme und Data-Minig-Verfahren liefern beispielsweise Erkenntnisse über Absatzzahlen oder Platzierung der Produkte in Verkaufsregalen.

Materialwirtschaft

Durch eine mehrtstufige Stücklistenauflösung für die Verkaufsteile werden die Sekundärbedarfe von Baugruppen und Einzelteilen ermittelt, die anhand einer Vorlaufverschiebung den entsprechenden Bedarfsperioden zugeordnet sind. Durch eine Zusammenfassung der Bedarfe zu wirtschaftlichen Losgrößen werden die Beschaffungsaufträge bzw. die Produktionsaufträge jeweils mit Menge und der Periode, der diese Beschaffungs- bzw. Produktionsmenge zugeordnet ist, determiniert.

Intranet, Extranet und Intranet helfen, Bedarfe verschiedener Werke zu koordinieren und erleichtern Handelsvertretern die Übermittlung aufgetretener Bedarfe. Beschaffungsaufträge werden sofort bei Auftreten an den Lieferanten übermittelt. Ebenso werden Produktionsaufträge an die entsprechenden Werke und Abteilungen weitergeleitet. Gerade in diesem Bereich ist die Anbindung an die im Unternehmen eingesetzte Software zur Produktionsplanung und -steuerung von großer Bedeutung. Die über die neuen Medien übertragenen Daten werden sofort nach einer Prüfung in die Unternehmensdatenbank übernommen und müssen nicht erneut von Hand eingegeben werden.

Kapazitätsterminierung / Kapazitätsabgleich

Die Fertigungsaufträge werden den zur Fertigung erforderlichen Betriebsmittelgruppen zugeordnet, an denen sie Kapazitäten beanspruchen. Pro Betriebsmittelgruppe werden Kapazitätsübersichten erstellt. Um Kapazitätsüber- bzw. -unterdeckungen auszugleichen wird entweder das Kapazitätsangebot an die Kapazitätsnachfrage angepaßt oder die Kapazitätsnachfrage an das Kapazitätsangebot. Intensitätsmäßige bzw. zeitliche Anpassungen oder eine Kombination aus beidem sind praktikabel. Auch im Bereich der Kapazitätsterminierung erleichtern die neuen Informations- und Kommunikationstechniken die Koordination zwischen verschiedenen Werken unterschiedlicher Standorte. Gleiches gilt bei Fremdvergabe. Hier werden Lieferanten in den Geschäftsprozeß mit einbezogen

Auftragsfreigabe

Bei der Auftragsfreigabe wird eine Verfügbarkeitsprüfung durchgeführt, ob die benötigten Materialien, Vorprodukte, Werkzeuge, Betriebsmittel und Kapazitäten vorhanden sind. Ist dies der Fall, wird der betreffende Auftrag freigegeben und er befindet sich in der Realisierungsphase. Die Auftragsfreigabe kann zentral oder durch Freigabeverfahren wie Belastungsorientierte Auftragsfreigabe (BORA) [21], Fortschrittszahlensystem [5] oder Kanban [20] dezentral erfolgen.

Feinsteuerung

Die Arbeitsgänge werden auf Betriebsmitteln eingeplant und die Reihenfolge der Arbeitsgänge determiniert. Verfahren zur dezentralen Feinsteuerung sind beispielsweise das Fortschrittszahlensystem, die Belastungsorientierte Auftragsfreigabe (BORA) oder KANBAN.

Beim Einsatz von KANBAN, kann auf die in R/3 integrierte Internetkomponente **Produktbestände prüfen und wieder auffüllen** zurückgegriffen werden.

Eine Beschaffung von Teilen wird dadurch angestoßen, daß an einem Teilebedarf zugeordnete KANBAN-Karte auf "leer" gesetzt wird. Der Status der KANBAN-Karten wird auf einer KANBAN-Tafel angezeigt und kann über eine Internet-Umgebung von Zulieferern eingesehen werden. Der Zulieferer legt im eigenen System einen Auftrag an und initiiert somit das Wiederauffüllen der entsprechenden Produktionskanbans. Dadurch wird das Just-In-Time-Konzept, welches hinter dem KANBAN-System steht, realisiert und beschleunigt. Die Verantwortung für die zeitgerechte Auslieferung wird an den Zulieferer übertragen.

BDE / Monitoring

Informationen bezüglich realisierter Termine, Mengen, Störungen etc. werden erfaßt (Ist-Daten) und mit den Vorgabewerten (Soll-Daten) verglichen. Die Ergebnisse des Soll-Ist-Vergleichs gehen beispielsweise in die Festlegung der neuen Vorgabewerte ein, so daß eine Zeitnahe Steuerung ermöglicht wird. Das Modul **Projektdaten-Rückmeldung** hält den aktuellen Projektfortschritt für Projektinvolvierte im Intranet bereit. Projektleiter identifizieren frühzeitig Handlungsbedarfe, Außendienstmitarbeiter bleiben auf dem aktuellen Stand.

Mit einem Modul zur Unterstützung der Instandhaltung können über Internet Istdaten wie Zählerstände oder Werkzeugabnutzungsdaten erfaßt und übermittelt werden.

4.1.2 Beschaffungs- und Vertriebslogistik

Die Beschaffungs- und Vertriebslogistik betrachtet die planerische und dispositive Begleitung der Güterströme zwischen dem Unternehmen und seinen externen Partnern. Diese sind auf der einen Seite die Lieferanten und auf der anderen Seite die Kunden des Unternehmens. Electronic Commerce legt den Schwerpunkt auf die der Erleichterung des Informationsflusses bzw. des Güterflusses zwischen den Marktpartnern.

Beispielsweise das Modul **Bestellung über das Internet** erlaubt es dem Kunden, sich mit dem R/3-System des Unternehmens zu verbinden und Teil oder Artikel, Werk, Menge und Wunschliefertermin für einen Auftrag festzulegen. Nach einer Konsistenzprüfung wird dem Auftraginitiator das Bereitstellungsdatum und die Bereitstellungsmenge bestätigt. Hierfür ist eine Anbindung beispielsweise der Lager und Fertigungssysteme erforderlich. Zusätzlich können Informationen über Artikel oder Teile angezeigt werden, die in dem Modul **Produktkatalog** bereitgestellt werden. Es vereint einfache Such- und Navigationsmöglichkeiten sowie grafische und textuelle Datstellungen. Varianten von Produkten können konfiguriert werden. Das Modul **Auswertungszertifikate** stellt die Qualitätsmerkmale, Prüfergebnisse der bestellten Produkte für den externen Gebrauch dar. Diese können jederzeit über das WWW abgerufen werden. Für den Kunden besteht auch jederzeit die Möglichkeit, den Auftragsstatus über das Netz zu verfolgen. Eine möglichst umfassende Information des Kunden, eine Beschleunigung des Informationsflusses und eine Senkung der Kommunikationskosten steht im Vordergrund.

Gleiches gilt für die das Modul **Kundendienstanforderung**. Der Kunde verfaßt mit Hilfe seines Browsers Problembeschreibungen und übermittelt diese an das Unternehmen.

Eine zusätzliche Erleichterung und damit eine Steigerung der Effektivität stellt der Zugriff auf hinterlegte Problembeschreibungskataloge bzw. Mängellisten dar. Schickt der Kunde seine Fehlermeldung ab, generiert die Anwendung eine interne R/3-Meldungsnummer. Die Problemmeldung liegt innerhalb weniger Minuten beim Service-Dienstleister, bei Rückgriff auf eine Formulierung der Fehlerbeschreibungskataloge in strukturierter Form vor. Die Reaktionszeit und die Zeit für die Beseitigung des aufgetretenen Fehlers wird beschleunigt.

Das Modul **Sammelfreigabe von Bestellanforderungen bzw. Bestellungen** generiert den Disponenten eine Liste mit den freizugebenden Bestellanforderungspositionen bzw. Bestellpositionen. Dies ermöglicht es den betreffenden Personen, alle Bestellanforderungen bzw. Bestellungen im Zusammenhang zu bearbeiten. Der Aufruf der einzelnen Bestellanforderungen bzw. Bestellungen und eine Navigation durch mehrere Menüpunkte und Masken entfällt. Dadurch können erhebliche Zeitpotentiale eingespart werden, die für das weitere Tagesgeschäft zur Verfügung stehen.

Gleiches gilt für das **Anlegen von Bedarfsanforderungen**. Über eine strukturierte Browseroberfläche werden beispielsweise Büromaterial oder andere Verbrauchsmaterialien angefordert. Ein Materialkatalog unterstützt die Mitarbeiter, die noch eine Materialgruppe und innerhalb dieser Materialgruppe das benötigte Material auswählt. Nach der Eingabe von Menge und dem Wunschliefertermin wird eine Verfügbarkeitsprüfung angestoßen und die generierte Bedarfsanforderung gesichert. Eine Verfolgung des Status der Bedarfsmeldung ist jederzeit möglich.

Derartige Module sind ebenfalls für die Koordination zwischen dem Unternehmen und seinen Lieferanten geeignet. Sie werden im Extranet eingesetzt. Dabei findet eine Zerlegung des vorher im Unternehmen ablaufenden Prozesses statt, indem sie Teilweise auf

Lieferanten übertragen wird. Beispielsweise kann ein Lieferant für das Auffüllen eines bedarfsgesteuert beschafftes Teil verantwortlich gemacht werden, indem ihm über das Extranet Zugang auf die Lagermenge gewährt wird. Wird der Mindestbestand unterschritten, liefert er selbständig die als Standard definierte Menge.

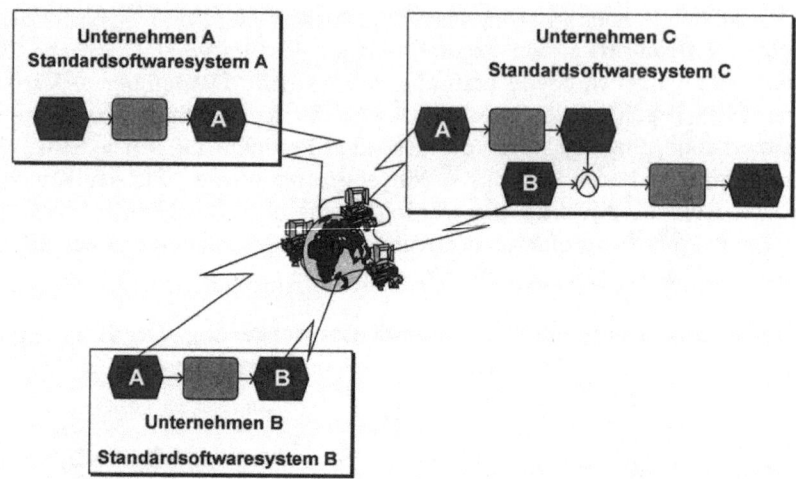

Abbildung 6: Verteilung von Geschäftsprozessen

4.1.3 Personallogistik

Die Personallogistik stellt ein Sonderfall der Beschaffungslogistik dar. Hier werden nicht Produktionsfaktoren wie Rohstoffe und Materialien eingekauft, sondern menschliche Arbeitskraft akquiriert bzw. wieder freigesetzt. Grundsätzlich wird zwischen den Bereichen Personal-Grunddatenverwaltung, Personalabrechnung und Personalplanung unterschieden. Auch im Bereich der Personallogistik steht die Verbesserung des Informationsflusses zwischen den Marktpartnern (Arbeitgeber und Arbeitssuchende) im Vordergrund der Betrachtung.

Das Modul **Stellenangebote** ermöglicht die Verbreitung von Stellengesuchen im Internet. Arbeitssuchenden präsentiert sich ein eine Landkarte, auf der die zu besetzenden Stellen nach Standorten strukturiert eingezeichnet sind. Nach der Auswahl eines Gebiets werden die diesem Gebiet zugeordneten freien Stellen mit Stellenbeschreibung und Anforderungsprofil aufgelistet. Neben der Kurzbewerbung für eine der ausgeschriebenen Stellen, kann der Bewerber ebenfalls eine Blindbewerbung plazieren. Bevor die Bewerbungen an den zuständigen Sachbearbeiter im Unternehmen weitergeleitet werden erhält der Bewerber Vorgangsnummer und Paßwort mit denen er jederzeit den Status seiner Bewerbung verfolgen kann.

Ein Modul **Who is Who** stellt die Mitarbeiterdaten wie Internet-Adresse, Telefon-, Faxnummern, Büronummern etc. im Intranet über den Browser bereit. In größeren Unternehmen wird die Kommunikation zwischen den Mitarbeitern erheblich erleichtert und verbessert. Dies gilt besonders dann, wenn neben den Daten auch noch Mitarbeiterfotos im Inranet bereitgestellt weden. Die Pflege der Adressen erfolgt durch die Mitarbeiter selbst über das Intranet, da dadurch ein hoher Aktualitätsgrad gewährleistet ist.

Den Mitarbeitern erhalten die persönlichen Zeitnachweise nicht mehr in Papierform sondern die Daten werden über die Intranetkomponete **Zeitnachweis** bereitgestellt. Die Mitarbeiter haben jederzeit Zugriff auf den aktuellen Stand Ihres Zeitkontos. Druckkosten werden eingespart.

4.2 Leistungsgestaltungsprozesse

Die Produktentwicklung ist im rechten Schenkel des Y-Modells (Vgl. Abbildung 1) dargestellt. Sie gewinnt in Industrieunternehmen mehr und mehr an Bedeutung, da Produktlebenzyklen immer kürzer werden und Time to Market zu einem kritischen Erfolgsfaktor wird. Die bei der Entwicklung erzeugten Produktdaten bilden beispielsweise die Grundlage für Bedarfsauflösung im Logistikprozeß, so daß eine enge Verflechtung von Logistikprozeß und Leistungsgestaltungsprozeß gegeben ist. Das zu erstellende Produkt wird in der Entwicklung aus unterschiedlichen Perspektiven beschrieben.

Marketing

Unter Marketing wird die Ausrichtung der Unternehmensfunktionen auf Marktanforderungen verstanden.[1] Das Marketing definiert Produktanforderungen aus Kundensicht in einer Produktidee. Produkteigenschaften, die bei Kunden einen Kaufentscheid auslösen können, sind von besonderem Interesse.

In diesem Bereich ist die Kenntnis des Marktes von großer Bedeutung. Die erforderlichen Erkenntnisse werden beispielsweise aus Kundenbefragungen abgeleitet. Hier bieten sich die neuen Medien für die Verbreitung von elektronischen Fragebögen an. Aber auch das die neuen Informations- und Kommunikationstechniken garantieren noch keine Antwort. Wie auch bei konventionellen Fragebögen gilt das Anreizprinzip.

Konstruktion

Bei der Konstruktion stehen die technischen Eigenschaften der Produkte und deren geometrische Beschreibung im Mittelpunkt. Die zu berücksichtigenden Produkteigenschaften werden durch Gerechtigkeitsanforderungen definiert. Produkte werden kundengerecht, fertigungsgerecht, montagegerecht, prüf- und qualitätsgerecht, kostengerecht, beschaffungsgerecht, beanspruchungsgerecht, reparaturgerecht und recyclinggerecht entwickelt. Eine parallele Einbeziehung aller Produktsichten wird als Simultaneuous Engineering bezeichnet.[12]

Die Konstruktion kann durch Entwicklungsplattformen unterstützt werden, die eine global verteilte Entwicklung ermöglichen. Haben Entwickler an entfernten Standorten die gleiche Sicht auf ein Produkt- oder Komponentenkatalog, wird eine Koordination herbeigeführt, indem alle Entwickler den gleichen Komponentenvorrat benutzen. Das Produkt wird homogener. Die Anzahl der Zulieferer kann so auf ein Minimum reduziert werden.

Unter Einsatz von Virtual Reality und den entsprechenden internetunterstützten Komponenten, werden 3-D Abbildungen von Prototypen über den Browser aufgerufen und sind weltweit verfügbar (Vgl. Abbildung 7). Mittels speziellen Anzeigegeräten bewegen sich die Entwickler in der virtuellen Welt. Die jeweilige Detailsicht wird realtime dem Blickwinkel des Betrachters angepasst. Alle Entwickler haben die gleiche Produktsicht. In Verbindung mit Video-Konferenzen und Shared Applications wird die Abstimmung mit Entwicklern an entfernten Standorten erheblich erleichtert. Der Bau von physischen Prototypen wird reduziert und Entwicklungskosten eingespart. Darüber hinaus werden Simulationen ermöglicht, die mit realen Prototypen nicht möglich sind.

Abbildung 7: 3-D Prototyp

Arbeitsplanung / Prüfplanung

Für die in der Konstruktion entwicklelten Produkte werden Arbeits- und Prüfpläne erstellt und verwaltet. Diese dienen als Vorgabe für die Fertigung.

Über eine datenbankgestützte Internetapplikation lassen sich Arbeitspläne weltweit bereitstellen. Durch eine zentrale Verwaltung und Bereitstellung werden Inkonsistenzen vermieden. Die in Werkstätten in Papierformat vorliegenden Arbeitspläne werden durch einen PC oder NC mit Netzzugang ersetzt.

NC-Programmierung

Für die in der Fertigung eingesetzten Werkzeugmaschinen werden zur Umsetzung der Arbeitsgäge auf NC-, DNC- und CNC-Maschinen die erforderlichen Programme entwickelt.

Unternehmensweit über Standorte hinweg einsetzbare Programmdatenbanken ermöglichen eine redundanzfreie und konsistente Bereitstellung der erforderlichen Programme. Mit Browser und Hyperlink-Technik navigiert der Facharbeiter durch die Datenbestände und kann per Mouseklick die erforderlichen Programme herunterladen und für die Produktion bereitstellen.

CAM i.e.S.

Die eigentliche Fertigung der Produkte erfolgt.

Beispielsweise die Montage einer Anlage an einem weit entfernten Standort durch Spezialisten vor Ort, wird durch die Nutzung moderner Informations- und Kommunikationstechniken und Spezialisten via Internet-Telekoferenzing ersetzt.

4.3 Informations- und Koordinationsprozesse

Um die Logistikprozesse und die Leistungsgestaltungsprozesse an den Unternehmenszielen auszurichten, sind Informations- und Koordinationsprozesse erforderlich. Dafür stellt das **Informationsmanagement** die Ressourcen für die erforderlichen Informationssyteme zur Verfügung und hat bezüglich der operativen Systeme koordinierende Funktion. Der Integrationsgrad der Anwendungssysteme wird festgelegt und die Nutzung von zentralen und dezentralen Systeme abgestimmt.[18]

Das **Rechnungswesen** interpretiert die operativen Abläufe wertmäßig und setzt sich aus der **Finanzbuchführung**, der **Kosten- und Leistungsrechnung** und dem **Controlling** zusammen. Die Finanzbuchführung zeichnet die Geschäftsvorfälle auf, die eine Veränderung vom Unternehmensvermögen oder dem Unternehmenskapital bewirken und dient der Rechenschaftslegung gegenüber Externen (Finanzamt ...).[18]

Die Kosten- und Leistungsrechnung ist an interne Adressaten gerichtet und liefert Entscheidungsgrundlagen für das Controlling und die Unternehmensleitung. [18] Das Controlling greift auf die Daten des Rechnungswesens zu und führt anhand dieser eine Planung und eine Kontrolle für die betrieblichen Teilbereiche durch. Die Ergebnisse des Controlling werden an für das Management und die Unternehmensführung aufbereitet und dienen als Grundlage für strategische Unternehmensentscheidungen.[18]

Das Modul **Bankdatentransfer** ermöglicht den Austauch von Finanz- und Buchhaltungsdaten über das Internet.

Eine Erweiterung des Reportingsystems ermöglicht das generieren von **Ad-Hoc-Berichten**, die in multimedialer Form über den Browser abrufbar sind. Sie bieten dem Controlling und dem Management jederzeit unterschiedliche Sichten auf die zugrundeliegenden Datenbestände. Das Modul **Anlagewirtschaft** gibt jederzeit Auskunft über die Sachanlagen an unterschiedlichen Standorten. Es stellt Informationen für das Rechnungswesen zur Verfügung.

Mitarbeiter haben jederzeit die Möglichkeit, sich über an anderen Standorten befindliche Ausrüstung zu informieren

Das Modul **Interne Leistungsverrechnung** ermöglicst die weltweite Erfassung innerbetrieblichen Leistungen eingesetzt. Eine leistungsverbrauchende Kostenstelle wird, nachdem die leistungserstellende Kostenstelle eine Leistung bereitgestellt hat, belastet.

Es ist keine Rückmeldung via Telefon oder Fax erforderlich. Der Datentransfer erfolgt ausschließlich über die Internet-Anwendungskomponente. Die Komponente verwaltet zusätzlich eine Liste der innerbetrieblichen Verrechnungssätzte.

5 Ausblick

Die Globalisierung der Wirtschaft gewinnt durch das Internet deutlich an Geschwindigkeit. Die Einrichtung einer Internet-Seite und deren Nutzung zum Marketing stellen eine erste Stufe der Internetnutzung von Unternehmen dar. Nur wenn das Internet zur Basis von Geschäftsprozessen, deren Neugestaltung und –verteilung wird, indem die Materialdisposition oder Produktkonfigurationen bei der Bestellung über das Internet durchgeführt werden, bringt es Unternehmen auch Gewinn.

Die Wachstumschancen für den elektronischen Geschäftsverkehr sind rosig, bedürfen jedoch der genauen Analyse. Eine Verlagerung von Umsatz bisher über EDI etc. abgewickelter Geschäftstransaktionen schafft keinen neuen Umsatz, das neue bequemere Übertragungsmedium Internet kann aber zur Bedrohung werden. Teilweise erzielen Unternehmen bereits 10% ihres Umsatzes online.

Literaturverzeichnis

[1] Backhaus, K.: Investitionsgütermarketing. In: W. Wittmann (Hrsg.): Handwörterbuch der Betriebswirtschaft. Bd. 2, 5. Aufl., Stuttgart 1993, S. 1936-1951.
[2] Becker, J.; Schütte, R.: Handelsinformationssysteme. Landsberg/Lech 1996.
[3] Cheswick, W. R., Bellovin, S. M.: Firewalls und Sicherheit im Internet. Bonn et al. 1996, S. 21-29.
[4] Hantusch Th., Matzke, B., Pérez, M.: SAP R/3 im Internet – Globale Plattform für Handel, Vertrieb und Informationsmanagement. Bonn et. al. 1997.
[5] Heynemeyer, W.: Just-in-Time mit Fortschrittszahlen. In: H. Wildemann (Hrsg.): Just-in-Time-Produktion. 7. Aufl., München 1989, S. 1-59.
[6] Kaiser, U.: Handbuch Internet und Online Dienste. 2. Aufl., München 1996.
[7] Kalakota, R.: Electronic Commerce: a manager's guide. O. O. 1997.
[8] Kaneshige Th., Vogel, M.: IDC, Forrester und Gramhausen prophezeien eine rosige Zukunft - Electronic Commerce wird bis zu 3000 Prozent zulegen. In: Computer Zeitung 28 (1997) 3, S. 2.
[9] Kossel, A.: Hinter den Kulissen - Technik und Sicherheit der Online-Dinste. In: c't (1997) 7, S. 144-148.
[10] Keller, G.; Meinhardt, S.: SAP R/3-Analyzer - Optimierung von Geschäftsprozessen auf Basis des R/3-Referenzmodells. Walldorf 1994.
[11] Kraemer, W.; Zimmermann, V.: Public Service Engineering – Planung und Realisierung innovativer Verwaltungsprodukte -. In: A.-W. Scheer (Hrsg.): 17. Saarbrükker Arbeitstagung 1996, Heidelberg 1996, S. 555-580.

[12] Linke W.: Simultaneous Engineering in der industriellen Praxis. In: m&c - Management & Computer 3 (1995) 4, S. 241-252.
[13] Möhrle, M. G.: Betrieblicher Einsatz Computerunterstützenden Lernens – Zukunftorientiertes Wissensmanagement in Unternehmen. Braunschweig; Wiesbaden 1996.
[14] O.V.: E-Handel im Wandel. In: Screen Multimedia o. Jg. (1997) 8, S. 24.
[15] O. V.: Electronic Commerce - An Introduction. In: http:cordis.lu/esprit/src/ ecomint.htm vom 09.05.97.
[16] Panurach, P.: Money in Electronic Commerce: Digital Cash, Electronic Fund Transfer, and Ecash. In: Communications of the ACM 39 (1996) 6, S. 45-50.
[17] Plattner, H.: Client/Server Architekturen. In: A.-W. Scheer (Hrsg.): Handbuch Informationsmanagement, Wiesbaden 1993, S. 937.
[18] Scheer, A.-W.: Wirtschaftsinformatik: Referenzmodelle für industrielle Geschäftsprozesse. 6. Aufl., Berlin et al. 1995.
[19] Schmid, B., Zimmermann, H.-D.: Eine Architektur Elektronischer Märkte auf der Basis eines generischen Konzeptes für elektronische Produktkataloge. In: Information Management 12 (1997) 4, S. 38-43.
[20] Shingo, S.: A Study of the Toyota Production System from an Industrial Engeneering Viewpoint. Cambridge, Massachusetts 1989.
[21] Wiendahl, H.-P.: Belastungsorientierte Fertigungssteuerung. München, Wien 1987.
[22] Zbornik, S.: Elektronische Märkte, elektronische Hierarchien, elektronische Netzwerke: Koordination des wirtschaftlichen Leistungsaustausches durch Mehrwertdienste auf der Basis von EDI und offenen Kommunikationssystemen, diskutiert am Beispiel der Elektroindustrie. In: Gesellschaft für Angewandte Informationswissenschaft (Hrsg.): Schriften zur Informationswissenschaft. Bd. 22, Konstanz 1996, S. 54-55.

Vom Customizing zur Adaption des Standardsoftwaresystems R/3

Von Prof. Dr. Rainer Thome

Inhaltsübersicht

1   Last der Erfahrung
2   Flucht in Standardlösungen
3   Vom Paket zur Bibliothek
4   Vom Customizing zur Adaption
    4.1 Customizing
    4.2 Adaption
    4.3 Anpassungsrichtung

1 Last der Erfahrung

Die Entwicklung der Programmiersprachen vom Maschinencode zu Sprachen der 5. Generation wurde unter der Ideologie betrieben, die Formulierung der immer komplexer werdenden Anforderungen zu vereinfachen. Aus maschinenorientierten Teilfunktionen (wie: CLEAR REGISTER) wurden mathematische Operationen (wie: A=A∗B/(380-C)+5) und schließlich in Form der nichtprozeduralen Sprachen auch Beschreibungen des gewünschten Ergebnisses (wie: SELECT AVERAGE (GEHALT)). Trotz dieser enormen Entwicklungsfortschritte verstrickten sich die Programmierer immer wieder in der unüberschaubaren Zahl der Befehle ihrer betriebswirtschaftlichen Lösungen und insbesondere spätere Änderungen an einmal fertiggestellten Anwendungen gerieten zum Alptraum.

Konsequent wurde über unterstützende Hilfsmittel nachgedacht und in Form der CASE-Tools (Computer Aided Software and Systems Engineering) angeboten. Aber das Grundproblem blieb unverändert. Der Systemanalytiker mußte die zu schaffende Anwendung im voraus in allen Details beschreiben und dazu eine Untersuchung der betrieblichen Aufgabenstellung (Ist-Analyse) voranstellen. Um nicht die praktizierten, teilweise unproduktiven Abläufe in Software zu gießen und damit zu zementieren, war vor der Programmierung noch eine Soll-Konzeption zu entwickeln, um die betriebliche Bedürfnisse und Wünsche mit betriebswirtschaftlichen, logistischen und juristischen Rahmenbedingungen zu verknüpfen und im Sinne eines idealen Ablaufs zu beschreiben. Die darauf folgenden Schritte der Programmrealisierung des Testens und der Einführung im betroffenen Unternehmen waren irreversibel. Ein Änderungswunsch, der erst nach der Einführung bekannt wurde, hatte, zumindest für die betroffenen Teilbereiche des Programms, eine aufwendige Wiederholung der Phasen zur Folge. Von Boehm [1] wurde der Phasenablauf folgerichtig als Wasserfallmodell beschrieben, denn außer einigen Gischtspritzern läuft beim Fallen kein Wasser zurück, sowenig wie bereits erstellte Programmbereiche unabhängig voneinander weiterentwickelt oder modifiziert werden können.

Auch das neuartige Konzept der objektorientierten Programmierung konnte an dem repetitiven Durchlaufen der Analyse- und Konzeptionsphasen nichts ändern. Nur das Zusammenspiel der einzelnen Module (jetzt Objekte) des Systems konnte deutlich verbessert werden.

Damit wurde aus gutem Grund über Jahrzehnte in die Köpfe der Analysatoren, Berater, Programmmierer, Implementierer und Anwender eingetrichtert, daß eine gute Ist-Analyse und Soll-Konzeption allein den erfolgreichen Projektablauf ermöglicht. Aber die Anwender konnten sich häufig die neuen Formen ihrer künftigen Arbeitsschritte nicht vorstellen oder es hatten sich doch logische Fehler in das Softwarepaket eingeschlichen; in den meisten Fällen mußten folglich Verbesserungszyklen angehängt werden, die das Gesamtprojekt nicht nur erheblich verlängert, sondern auch verteuert haben. Außerdem läuft kein betrieblicher Arbeitsprozeß unabhängig von Rahmenbedingungen. Dies sind Kundenforderungen, Produkt- und/oder Gesamtangebotsänderungen sowie Wechsel in der innerbetrieblichen Aufgabenzuordnung beziehungsweise Mitarbeiterstruktur. Spätestens diese ständigen Einflüsse führen zwangsläufig zu einer Überarbeitung des Ablaufs und der Software [9].

Es war logisch und konsequent richtig, daß die Phasenmentalität des Wasserfallmodells auch auf den Einführungsprozeß von betrieblicher Standardanwendungssoftware übertragen wurde. Soweit dabei keine Ergänzungsentwicklung notwendig ist, wird zwar nicht programmiert, aber die aufwendige Anpassung der Software an die betrieblichen Anforderungen ließen die gründliche Vorbereitung genauso notwendig erscheinen. Angetrieben durch die Erfolgsberichte von Hammer [2] über die radikale Umgestaltung von Unternehmen, wurde folglich die Reorganisation der Abläufe als Voraussetzung für die Entwicklung neuer Informationssysteme verstanden. Damit wurde jedoch für viele Betriebe ein Kreislauf in Gang gesetzt, aus dem nur schwer ausgebrochen werden kann. Die gewaltigen Anforderungen einer völligen Umorganisation setzten entsprechend umfangreiche Anpassungen der bisher genutzten Individualsoftware oder der neu einzusetzenden Standardsoftware voraus. Die Zeit bis zur Verwirklichug dieser Anpassungen macht jedoch die revolutionären Neuorganisationen schon wieder zu Objekten von Änderungswünschen oder marktdiktierten Anpassungsforderungen. Um den circulus vitiosus zu durchbrechen, muß man sich schließlich mit Kompromißlösungen zufrieden geben.

Aus dem Phasenkonzept folgt, daß Modifikationen oder Korrekturen bei einer Programmentwicklung umso teurer sind, je später sie ausgeführt werden. Wird der Kreislauf zum Vorgehensprinzip gewählt, stellt man sich nur besser auf die unausweichlichen Änderungsfolgen ein; die Situation wird dadurch aber nicht anders. Das Prinzip dieses Ansatzes ist, daß sich in der wiederholten und beschleunigten Folge von Ist-Aufnahme, Soll-Konzeption, Prototypentwicklung und Einsatz die jeweiligen Erfahrungen verfeinern und damit die Lösung gezielt und anwendungsorientiert verbessert werden kann [3].

Das Spiralmodell blieb aber auf die Entwicklung von Einzelprogrammen beschränkt, denn der Aufwand für die repetitive Überarbeitung eines ganzen Systems ist einfach zu groß. Auch leistungsfähige Programmierwerkzeuge und die objektorientierte Programmierung konnten dies nicht wesentlich beeinflussen. Die Entwicklung von großen Programmsystemen ist damit in einer Sackgasse angekommen. Auch langjährig eingesetzte Individualprogramme werden kaum noch geändert und die weitere Entwicklung wird immer wieder verschoben.

Prototypen wurden häufig "quick and dirty" im Sinne eines probierenden Experiments mit dem Anwender erstellt, um herauszufinden, welche Bedürfnisse in der Aufgabe tatsächlich liegen. Eine Variante, die unter der Bezeichnung "evolutionäres Prototyping" bekannt wurde, fand bei der Automation schwieriger Aufgabenstellungen Anwendung. Hier konnte die Abstimmung zwischen Anwender und Programmierer durch den direkten Test des jeweils neuesten Prototypen erheblich verbessert werden.

Damit wurde deutlich, daß den betrieblichen Aufgabenstellungen eine Dynamik immanent ist, die nicht durch genaues Analysieren vorweggenommen werden kann.

2 Flucht in Standardlösungen

Betriebswirtschaftliche Aufgabenstellungen sind nicht so verschieden, daß die unabhängige Neuentwicklung von individuellen Lösungen für jedes Unternehmen gerechtfertigt wäre. Konsequent wurde versucht, die Mehrfachverwendung und in Folge die Standardisierung von Abläufen in Software zu gießen.

Damit entstand gezielt der Bedarf nach einer bereits von Anfang an für die spätere Variation für weitere Kunden vorbereiteten Software. Große Systeme wie COPICS von IBM, SILINE von Siemens, COMET von Nixdorf und R/2 von SAP wurden zu erfolgreichen und vielfach verwendeten Lösungen auf dem Markt. Die jeweils notwendigen Anpassungsentwicklungen wurden von den früheren Programmierern der Individuallösungen übernommen. Es entstand ein zum Teil unlösbares Knäuel von Standard- und Ergänzungsprogrammen. Selbst die Implementierung neuer Releases der Standardsoftware wurde fast unmöglich. Die Standardprogramme wurden immer umfangreicher, um den Bedarf für Zusatzentwicklungen einzudämmen. Neben der sogenannten Modularisierung, die eine Aufteilung komplexer Programmabläufe in überschaubare Teilabschnitte vorsah, wurde auch die sogenannte Parametrisierung zur Vermeidung der entstandenen Verwirrungen zwischen den verschiedenen Programmversionen eingesetzt.

Die Parametrisierung war ein entscheidender Schritt in Richtung eines flexiblen Programmeinsatzes, bei der die Steuerung des Ablaufs einer Anwendung nicht allein durch eine feste Befehlsstruktur des Programms vorgegeben ist, sondern durch vorherige Abfrage einer Anzahl von Einstellungsalternativen kundengerecht zusammengestellt wird. Diese Form der parametrisierten Programmierung führt zu einer aufwendigeren, weniger schnell ablaufenden und mehr Speicherplatz benötigenden Form der Anwendungsprogramme. Trotz der herausragenden Eigenschaften der Parametrisierung war dieser Ansatz ursprünglich kaum konkurrenzfähig, solange die Hardwarekosten die Programmentwicklungskosten deutlich überstiegen. Große Softwarehersteller (Computeranbieter und Softwarehäuser) gingen daher dazu über, die Parametereinstellung nicht in den laufenden Programmen bei jedem Kunden individuell abprüfen zu lassen, sondern die Kundenspezifikationen vor dem Programmeinsatz zu erfragen und durch eine Art Vorübersetzungsprogramm die dafür vorbereitete Standardsoftware nach der von den Kunden gewünschten Einstellungsliste automatisch umformen zu lassen (z. B. MAS von IBM). Beim einzelnen Anwender kommt damit nur das für seine individuellen Ansprüche automatisch aus dem Standard umgesetzte Programm zur Anwendung.

Weil sich die Entwickler der Softwarelösungen immer weiter auf bestimmte Anwendungsbereiche spezialisierten und dabei deutlich wurde, daß sie mit den Programmanwendern einer Branche auf Grund der gleichen Fachausdrücke eine bessere Verständigungsbasis hatten als mit den Anwendern der anderen Branchen, ging man davon aus, daß die durch die Branchenzugehörigkeit eines Anwendungsbetriebes bedingte Organisation und Aufgabenstellung auch jeweils eine bestimmte Art von Software benötigt. Diese sogenannte Branchensoftware wurde dann folgerichtig zu einer Standardlösung, die den in der Branche üblicherweise benötigten Funktionsumfang aufweist und durch Parametereinstellung auf die einzelnen Unternehmen angepaßt werden kann. Heute weiß man, daß diese augenscheinliche Affinität von Branche und Softwarelösung gar nicht so ausgeprägt ist.

Die betriebswirtschaftlichen Funktionalabläufe sind zu 80 % branchenneutral [4] und es gibt meistens nur ein Verständigungsproblem, das in der Verwendung unterschiedlicher Begriffe in den einzelnen Branchenbereichen seinen Ursprung hat. Trotzdem ist die Branchenstandardsoftware heute noch für viele Beteiligte sowohl auf Anbieter- als auch auf Anwenderseite der Stand der Technik. Dies ist eine folgenschwere Fehleinschätzung.

Große, moderne Standardanwendungssoftwarelösungen unterstützten fast alle betrieblichen Funktionen. Ihr Leistungsumfang ähnelt der Gliederungsübersicht eines Lehrbuchs zur Betriebswirtschaftslehre. Konsequent wird die betriebswirtschaftliche Ausbildung heute schon an der Funktionalität eines großen Standardsoftwareanwendungspaketes ausgerichtet und damit den Studierenden auch gleichzeitig eine Affinität zu der tatsächlichen Abwicklung betrieblicher Aufgaben geboten [6].

Auch wenn die Betrachtung der Funktionsabläufe nicht das Verständnis der Funktionalität ersetzen kann, so liefert eine so orientierte Ausbildung doch das anschauliche Fundament, das beim Lernenden ein interessiertes Verständnis über das Wie und Warum der Vorgehensweise erzeugt. Gleichzeitig ergibt sich auch ein Nachfrageeffekt, der darin besteht, daß die in derartigen Programmen abgebildeten betriebswirtschaftlichen Bereiche von einem Absolventen, der in einem Unternehmen seinen ersten Arbeitsplatz antritt, auch wirklich beherrscht werden müssen, weil sich das einstellende Unternehmen genau hier von einem neuen Mitarbeiter Unterstützung verspricht. Sie wird aufgrund des Vorhandenseins der informationellen Unterstützung in der Standardsoftware erwartet, während Kenntnisse in dort nicht unterstützten Aufgabenfeldern viel seltener nötig und nützlich sind.

3 Vom Paket zur Bibliothek

Standardanwendungssoftware war zunächst paketorientiert. Jedem Anwender sollte das Bündel von Funktionen, Modulen und Varianten zusammengeschnürt werden, das er brauchte. Um die Vielfalt für die Verwaltung nicht zu übertreiben, wurde das Angebot meist branchenorientiert und/oder größenorientiert angelegt. Da aber die Kopierkosten für Software minimal sind, kann man jeden Kunden auch die ganze Sammlung von Programmen zur eigenen Auswahl zur Verfügung stellen und je nach Ideologie teilnehmer- oder funktionsorientiert abrechnen. So entstand die Idee einer Softwarebibliothek, die viel mehr bereithält, als gerade gebraucht wird.

Aber eine Sammlung von betriebswirtschaftlichen Programmen wird nicht allein durch ihren Umfang zu einer Softwarebibliothek. Dazu gehört nicht nur die Aufbewahrung, sondern auch die systematische Ordnung und eine Hilfe zum Auffinden des Gesuchten. Während sich ein Leser aber schnell von einem klassischen Roman auf ein modernes Sachbuch umstellt, muß für das organische Zusammenspiel von Teilprogrammen im

Rahmen einer betrieblichen Anwendung ein ganzes Bündel von Restriktionen erfüllt sein.

Folgende acht Bedingungen sind die Ausgangsvoraussetzungen für die im weiteren noch zu erläuternde Adaption einer Softwarebibliothek auf ein Anwendungsunternehmen:

- BWL-Abdeckungsgrad 80%,
- Betriebswirtschaftliche Adaptionsfähigkeit,
- Datenkonsistenz bei Asynchronentwicklung,
- Dynamische Adaptionsfähigkeit,
- Dynamische Modultauschfähigkeit,
- Datenkonsistenz bei Asynchronentwicklung,
- Integrierte Datenbank und
- Plattformunabhängigkeit.

Die hier vorgestellte konzeptionelle und auch durch Werkzeuge unterstützte Vorgehensform für die Unterstützung der betrieblichen Organisation der Informationsverarbeitung setzt eine die genannten Kriterien erfüllende Softwarebibliothek voraus.

Der Aufbau beziehungsweise die Entwicklung einer betriebswirtschaftlichen Softwarebibliothek muß aber gänzlich anders verlaufen, als dies bei den bisher üblichen Standardanwendungsprogrammen der Fall war. Die Weiterentwicklung bez. Erweiterung eines für einen speziellen Betrieb entwickelten Programms, kann niemals Basis für eine generell verbindliche betriebswirtschaftliche Lösungsmethode sein, unabhängig von seiner programmiertechnischen Eleganz und der Sorgfalt, mit der vorgegangen wurde. Für den Bibliotheksaufbau ist eine systematische Vorgehensweise nötig, die von Anfang an die freie statische und dynamische Kombinierbarkeit der Module respektiert. "Statisch" bedeutet in diesem Zusammenhang, daß die dauerhafte Verknüpfung verschiedener (betriebswirtschaftlich sinnvoller) Programmbausteine in einer unternehmensspezifischen Zusammenstellung stabil funktioniert; "dynamisch" weist auf die noch anspruchsvolleren Anforderungen hin, daß Module im Laufe des Softwareeinsatzes ausgetauscht oder gar mit neuer Funktionalität hinzugefügt werden können.

Die Entwicklung einer Softwarebibliothek muß und kann auf folgende Vorgaben aufsetzen.

- Abstrakte Beschreibungen der Funktionalität in der betriebswirtschaftlichen Literatur.

Die betriebswirtschaftliche Theorie liefert jedoch nur eine Übersicht der grundsätzlichen Vorgehensweisen, ist aber für die Ausgestaltung von Programmen insbesondere bezüglich ihrer integrierenden Zusammenarbeit nicht aussagefähig genug.

- Erfahrung mit schon vorhandenen Branchenpaketen und Anwendungen.

Die Branchenlösung, die aus vertrieblichen Aspekten der Softwarehäuser zum meist praktizierten Ansatz wurde, hat jedoch genau in ihrer Ausrichtung auch die Beschränkung auf bestimmte Branchen, was für eine allgemein anzuwendende Softwarebibliothek unzulässig ist.

- Typologische Strukturierung der Betriebe als Schema der Anforderungen an die Software.

Der typologische Ansatz versucht die von Branchen und Betriebsgrößen unabhängigen Gemeinsamkeiten in betriebswirtschaftlichen Vorgehensweisen herauszufinden. Er liefert das konzeptionell eleganteste Strukturierungsverfahren. Es genügt jedoch alleine auch nicht, da es häufig keine eindeutigen Abgrenzungen zuläßt und darüber hinaus keine methodische Beschreibung für die Vorgehensweise liefert.

- Grundprinzipien der modulen bzw. objektorientierten Programmierung.

Insbesondere die Objektorientierung liefert die stringentesten Rahmenbedingungen für eine Softwarestruktur, die dem Bibliothekskonzept folgt. Allerdings gibt es bislang kaum verwirklichte Elemente einer objektorientierten, betriebswirtschaftlich ausgerichteten Klassenbibliothek von Software.

Eine Standardanwendungssoftwarebibliothek kann für betriebswirtschaftliche Aufgabenstellungen nur aus der gleichzeitigen Berücksichtigung aller vier konzeptionellen Vorgehensweisen entstehen. Dabei ist auch auf die oben beschriebenen fünf Funktionalbedingungen im Sinne von grundsätzlichen Anforderungen Rücksicht zu nehmen. Die Entwicklung einer Softwarebibliothek wird damit zu einem äußerst umfangreichen und kostspieligen Unterfangen, da sie insbesondere unter Berücksichtigung ihrer Anwendungsideologie erst zum Einsatz kommen kann, wenn ein Großteil der Funktionalitäten programmiert, ausgetestet und in die Bibliotheksordnung eingebunden ist. Nur Softwarehäuser, die in der Entwicklung betriebswirtschaftlicher Programme sehr erfahren und darüberhinaus enorm kapitalstark sind, können eine derart langwierige Entwicklung durchhalten.

Die praktizierte Betriebswirtschaftslehre in den Unternehmen wird künftig mehr und mehr bestimmt von der Funktionalität der eingesetzten Standardanwendungssoftware. Für viele Unternehmen ist es bereits, für die anderen wird es bald zu teuer, Individuallösungen zu entwickeln und auch über die Zeit hinweg fortschreiben zu lassen. Was nicht schon in der Software "steckt", kann damit zumindest für die Normalabläufe im Unternehmen nicht in Frage kommen. Allenfalls die geschäftsstrategisch entscheidenden Funktionen, bei denen sich das Unternehmen just durch die höhere oder andere Qualität der Informationsverarbeitung von den Mitbewerbern unterscheiden will, lassen eine Investition in die Individualentwicklung von Software noch rechtfertigen. Damit entsteht jedoch eine folgenschwere Konsequenz.

Da die Software bereits zum Maßstab der möglichen Funktionsabläufe geworden ist, muß in einem Unternehmen im Gegensatz zur klassischen Wasserfallkonzeption nicht mehr der Istablauf detailliert analysiert werden, um daraus eine Soll-Vorgabe für die Entwicklung einer Software oder die Auswahl bzw. Parametereinstellung in einem Standardanwendungspaket abzuleiten. Die verbale oder graphische Beschreibung der prozessualen Ist-Abläufe hilft nur rudimentär. Sie ist als Instrument für die Beschreibungsentwicklung einer neuen und besseren Ablaufsystematik auch nur bedingt geeignet, weil ja auf die bereits programmierten Abläufe hin entwickelt werden soll und nicht völlig andersartige Prozeßvarianten entstehen dürfen. Sonst wäre die Programmentwicklung entsprechender Module die Folge anstatt der Einsatzplanung vorhandener Bibliotheksbestandteile.

Die Vorgehensweise muß genau anders herum angelegt werden. Nicht die zufällige Ausgestaltung betriebswirtschaftlicher Abläufe durch die Eigenwilligkeiten der bisherigen betrieblichen Abläufe (Gewohnheiten) sind Gegenstand der Analyse und Grundlage für die Soll-Konzeption. Vielmehr muß die betriebswirtschaftliche Aufgabenstellung identifiziert und eine darauf passende Kombination parametrisierter Programmodule aus der Softwarebibliothek adaptiert werden.

4 Vom Customizing zur Adaption

Im Grunde wurde die Bezeichnung Standardanwendungssoftware durch die tatsächliche Entwicklung ad absurdum geführt. Die vielen Alternativausprägungen, die bei der tatsächlichen Anwendung der Module in ihrer Kombination in den Einzelunternehmungen auftraten, lassen die Gesamtanwendung als eine kundenorientierte Lösung erscheinen. So wie sich im Automobilbau auf Grund der fast unzähligen Variantenausprägungen die ausgelieferten Fahrzeuge voneinander unterscheiden, so haben auch die ablaufenden Versionen der "Standard"softwareprodukte ganz verschiedene Ausprägungen und damit auch Funktionsabläufe. Gleich und standardisiert ist damit nur die Entwicklungsversion bzw. die grundsätzlich auszuliefernde nicht eingestellte, alle Funktionalitäten umfassende Form der betriebswirtschaftlichen Softwarelösung.

4.1 Customizing

Der Einstellungsprozeß der Software auf die kundenindividuellen Anwendungsbedürfnisse wurde analog der Herstellung von anderen Produkten mit individuellen Anpassungsänderungen als "Customizing" bezeichnet. Dieser Vorgang besteht bei Softwarepaketlösungen aus der Einstellung von Parametern, die dann im Ablauf jeweils die unterschiedliche Steuerung der Programme veranlassen. Die Zahl der einzustellenden Parameter wächst sehr schnell ins Unübersichtliche. So müssen für die Ausrichtung des Softwaresystems an das Unternehmen in der Regel einige Hundert bis Tausende von

Grundeinstellungen vorgenommen werden und darüber hinaus teilweise z. B. im Bereich der Materialbeschaffung für jedes einzelne Teil spezielle Vorgangseinstellungen ausgelöst werden [7, S. 24].

Um dem Anwender entgegenzukommen, wurden verschiedenste konzeptionelle Versuche unternommen. Einerseits wurden Leitfäden ausgegeben, nach denen der Einstellungsprozeß zu erfolgen hat. Andererseits wurde versucht, die allgemeine Software wieder auf Branchenlösungen voreinzustellen, um damit den jeweiligen Anpassungsaufwand zu reduzieren. Schließlich wurde mit einer Vielzahl von Prozeßbeschreibungswerkzeugen versucht, die Phase der organisatorischen Grundausrichtung des Unternehmens und damit der Definition von Vorgaben für die Standardsoftware zu unterstützen. Alle diese Ansätze haben jedoch nur zu Teilerfolgen geführt. Dies liegt einerseits an den konzeptionellen Schwierigkeiten, die eingangs geschildert wurden und die eine laufende Einstellung eines Softwaresystems auf die betrieblichen Belange notwendig machen und andererseits an der fehlenden Verknüpfung zwischen den Beschreibungswerkzeugen für betriebswirtschaftliche Prozesse und der tatsächlichen Parametereinstellung.

Die Folge war und ist eine gewisse Resignation der Anwender gegenüber Standardanwendungslösungen, weil die Befürchtungen entstanden, der Anpassungsaufwand läge im Bereich einer individuellen Neuentwicklung. Selbst wenn dem so wäre, würde ein Anwender trotzdem besser mit einer Standardlösung fahren, weil künftige Weiterentwicklungen in diesem Umfeld sicherer und preiswerter gestaltet werden können. Die Tendenz hat jedoch insbesondere in kleinen und in mittleren Unternehmen zu einer deutlichen Zurückhaltung gegenüber Standardanwendungssoftwarelösungen geführt.

4.2 Adaption

Ein völlig anderer Weg zur Realisierung angepaßter Standardpakete soll im folgenden unter der Bezeichnung Adaption beschrieben werden. Unter Adaption wird dabei ein umfangreicher, mehrphasiger Prozeß verstanden, der ausgehend von einem betriebswirtschaftlichen Dialog die Belange eines Unternehmens feststellt und darauf aufbauend, unter Nutzung betriebswirtschaftlicher Regeln, Einschränkungen in der Auswahlbreite der Parameter und der grundsätzlich verfügbaren Module vornimmt, um dem Anwender nur gezielt die Alternativen vorzustellen, die in seinem Sachzusammenhang tatsächlich bestehen. Dazu ist ein System notwendig, das diese betriebswirtschaftlichen Regeln enthält und im Sinne eines Expertensystems nach jeweils erfolgter Detaillierung der Unternehmensbeschreibung entsprechend auswählt, welche weiteren Informationen zur Spezifikation des Lösungspaketes notwendig sind. Ein solches Konzept wurde erstmals für die Siemens Nixdorf Informationssysteme AG entwickelt und wird von ihr unter der Bezeichnung R/3-LIVE-Kit vermarktet. Mittlerweile sind rund 500 Installationen auf Basis dieses Werkzeugs adaptiert und implementiert worden [5]. Der Erfolg dieser systematischen und den Ablauf erheblich beschleunigenden Vorgehensweise wurde auch vom Entwicklungsbereich der SAP erkannt und die konzeptionelle Idee für die Realisierung einer als Business Engineer bezeichneten Einführungssoftware aufgegriffen. Dieses

Produkt wird in Verbindung mit dem Release 4 von R/3 erstmals den Kunden zur Verfügung stehen.

Das Adaptionsverfahren unterscheidet sich vom klassischen Customizing durch die Wissensbasis, die nicht nur die Kenntnisse des jeweiligen Systembetreuers bzw. Beraters nutzt, sondern die Erfahrungen, die bei vorangegangenen Installationen dem Entwicklungsteam der Wissensbasis zur Verfügung gestellt wurden. Damit kann mittlerweile eine stark verbesserte Unterstützung der Einführungsentscheidungen erfolgen, die bei den entsprechenden Werkzeugen eine Beantwortung von offenen Fragen und ein Aufzeigen von alternativen Folgekosten mit einschließt. Das für die Anpassung notwendige Instrumentarium wurde ursprünglich als Adaptionsnavigator bezeichnet [10] und war insbesondere für den Einsatz in mittelständischen Betrieben vorgesehen, nachdem andere Konzepte der Voreinstellung bzw. Branchenorientierung gescheitert sind. Aber gerade auch Konzerne nutzen das Verfahren zur bereichsweisen Umstellung auf R/3.

Das in dieser Form erstmals eine Wissensbasis nutzende Werkzeug offeriert den Anwendungsunternehmen aktiv betriebswirtschaftliche passende Prozeßgestaltungsvorschläge und dient nicht nur als graphisches Beschreibungshilfsmittel für selbstkonstruierte Prozesse. Es unterstützt die Ersteinstellung ebenso wie die laufend notwendige Anpassungsentwicklung [8].

4.3 Anpassungsrichtung

Selbstverständlich muß die Standardsoftware in ihrer Ausgestaltung zur ablauffähigen Version im Unternehmen auf dessen Belange hin ausgerichtet werden. Diese Orientierung ist jedoch nicht einseitig. Denn umgekehrt kann ein Unternehmen, das auf gewachsenen und damit möglicherweise nicht wirklich durchüberlegten Geschäftsprozessen aufsetzt, auf die in der Software hinterlegten konzeptionell durchdachten Abläufe zurückgreifen und sich an deren Möglichkeiten orientieren, um zu einer Verbesserung der Geschäftsprozeßstruktur zu kommen. Die in diesem Zusammenhang häufig benutzte Bezeichnung Geschäftsprozeßoptimierung ist in jeder Hinsicht irreführend. Es gibt keine Optimalitätskriterien für Geschäftsprozesse und der Zustand einer Arbeitsabwicklung ist immer nur von so kurzer Dauer in Abhängigkeit von den Umgebungsbedingungen, daß man von einem Optimum als Status überhaupt nicht sprechen darf. Es kann sich immer nur um eine Ausgestaltung passender Abläufe handeln. Die Entwicklung der Marktgegebenheiten und die laufend geforderte Ausrichtung des Produktspektrums an die Nachfragewünsche bringen auch einen laufenden Änderungsbedarf der Geschäftsprozesse mit sich. Insofern wird die Anpassungsrichtung über die Zeit mehrfach gewechselt, wenn die Einstellung einer funktionsfähigen Softwarelösung auch bereits einmal erfolgt ist.

Hat das Unternehmen tatsächlich auf Basis eines Adaptionsprozesses mit Hilfe eines diesen Ablauf unterstützenden Navigationssystems die Anpassung der Softwarebibliothek realisiert, dann ist auch eine nachfolgende Änderungsentwicklung vergleichsweise leicht durchführbar. Das Unternehmen kann sich also auf Grund der in der Standardsoftware vorhandenen Fülle von Alternativen kurzfristig auf neue Marktgegebenheiten einstellen, was bei einer Individualsoftwareentwicklung so nicht möglich wäre. Gleichzeitig kann aber auf Grund dieser Chancen der enorme Anspruch aufgegeben werden, der bei der klassischen Einführung von Standardanwendungssoftware im Sinne des Customizing und noch viel verstärkter bei der Entwicklung von Individualsoftware gegeben war, daß nämlich zuerst die günstigsten Geschäftsprozesse aufzufinden sind, um dann die Software daran auszurichten. Mit der schnellen Adaptionsmöglichkeit genügt es, zunächst eine Einstellung der Software zu finden, die weitgehend dem aktuellen (Ist-Zustand) Geschäftsprozessen entspricht. Dies führt zwar nicht zu einer organisatorischen Verbesserung, aber bringt dem Unternehmen bereits die Vorteile einer stabil lauffähigen und in der Zukunft leicht anpaßbaren Standardanwendungslösung ins Haus. Nach Einführung der Standardsoftware kann damit in einem iterativen Prozeß die Ausgestaltung der organisatorischen Abläufe erfolgen, da sie ja nicht in einem Individualprogramm zementiert oder durch umständliche Customizingprozesse im Softwarepaket festgelegt sind. Der Adaptionsprozeß in Verbindung mit dem die dynamischen Kriterien erfüllenden Softwarebibliothekskonzept erlaubt die laufende Anpassung der Geschäftsprozesse an bessere Lösungen bzw. neue Herausforderungen und die kurzfristige Nachführung der dazu notwendigen Einstellungen in der Anwendungssoftware.

Damit wird ein wesentlicher Durchbruch erzielt, der einerseits die Zeiten für die Einführung einer solchen Softwarelösung fundamental reduzieren kann und andererseits die Unternehmen erstmalig in ihrer Informationsverarbeitung eine Flexibilität bietet, die im Grunde gerade für die Geschäftsabwicklung schon immer notwendig war. Die Vorgehensweise wird als Continuous System Engineering bezeichnet und beinhaltet die laufende gegenseitige Ausrichtung der Informationsverarbeitung und Organisationsabläufe [10].

In subtiler Weise erfüllt die Standardanwendungssoftware als Bibliothek in Verbindung mit einem Adaptionswerkzeug erst die mit dem Begriff "Software" verbundenen Kriterien der leichten und weichen Anpassung der Maschinenabläufe an die Anforderungen der Umgebung. Die Komplexität betriebswirtschaftlicher Prozesse hat die Software zu einem unverrückbaren harten Faktor im Betriebsgeschehen gemacht und erst über die Einstellungspotentiale der adaptiv anpaßbaren Softwarebibliotheken wird hier der elastische Aspekt von Softwarelösungen wieder deutlich.

Literaturverzeichnis

[1] Boehm, B.W.: Software Engineering. In: IEEE Transactions on Computers; C-25, 12 (1976), S. 1216-1241.
[2] Hammer, M., Über Bord werfen. In: Wirtschaftswoche (1995) 46, S. 138.
[3] Hesse, W., Merbeth, G., Frölich, R.: Software Entwicklung. Vorgehensmodelle, Projektführung, Produktverwaltung. München Wien 1992.
[4] Hufgard, A.: Betriebswirtschaftliche Softwarebibliotheken und Adaption. München 1994
[5] Hufgard, A.: Wissensbasierte Anforderungsnavigation zur Adaption von betriebswirtschaftlichen Softwarebibliotheken. In: P. Mertensund H. Voss (Hrsg.): Expertensysteme 97: Beiträge zur 4. Deutschen Tagung Wissensbasierte Systeme, Sankt Augustin 1997.
[6] Mehlich, S.: Ausbildung in und mit der Modellfirma LIVE AG. In: P. Wenzel (Hrsg.): Betriebswirtschaftliche Anwendungen des integrierten Systems SAP R/3. Braunschweig; Wiesbaden 1996, S. 92-112.
[7] Mertens, P., Holzner, J., Ludwig, P.: Mittelwege zwischen Individual- und Standardsoftware. In: W. Abramowicz (Hrsg.): Business Information Systems. Poznan 1997, S. 15-44.
[8] SAP (Hrsg.): R/3 Business Engineer. Knowledgebased, interactive R/3 configuration and continuous change management. Walldorf 1997.
[9] Thome, R.: Wirtschaftliche Informationsverarbeitung. München 1990.
[10] Thome, R., Hufgard, A.: Continuous System Engineering. Würzburg 1996.

Vom Unternehmensziel zur Tabelleneinstellung: Geschäftsprozeßorientierte Einführung von SAP R/3

von Dr. Mathias Kirchmer

Inhaltsübersicht

1 Grundlagen der geschäftsprozeßorientierten Einführung
    1.1. Notwendigkeit der Prozeßorientierung
    1.2. Methodischer Rahmen
2 Phasen der geschäftsprozeßorientierten Einführung
    2.1. Strategie-basiertes GPO-Konzept
    2.2. Standardsoftware-basiertes GPO-Konzept
    2.3. GPO-Realisierung
    2.4. Übergang zum CPI
3 Umsetzung der geschäftsprozeßorientierten Einführung
    3.1. Einsatz von Tools
    3.2. Praxiserfahrung

1 Grundlagen der geschäftsprozeßorientierten Einführung

Die zunehmende Ausrichtung von Unternehmen an deren Geschäftsprozessen erfordern eine geschäftsprozeßorientierte Einführung von Standardsoftware (GES). Vorliegende Informationssystem-Rahmen-Architekturen ermöglichen diese prozeßorientierte Vorgehensweise. Im folgenden werden die Notwendigkeit der GES sowie deren methodischer Rahmen erläutert.

1.1 Notwendigkeit der Prozeßorientierung

Unternehmen müssen der immer härteren Konkurrenz aus dem In- und Ausland durch schlanke, flexible und schlagkräftige Strukturen begegnen. Die Arbeitsabläufe sind zu optimieren, um Unternehmensziele wie die Reduzierung von Durchlaufzeiten, die Senkung von Kosten, die Erhöhung der Flexibilität oder die Verbesserung der Produkt- oder Service-Qualität zu erreichen. Aufgrund der Vielzahl der in einem Unternehmen auszuführenden Funktionen sowie der großen Anzahl zu bearbeitender Objekte in Form von zu erstellenden oder zu disponierenden Leistungen ist die Neugestaltung sehr komplex [19]. Diese Komplexität wird reduziert durch den Entwurf geeigneter Organisationsstrukturen, welche eine Definition und Koordination von Teil-Aufgaben ermöglichen. Die Strukturen können sich an einzelnen Funktionen orientieren, z.B. dem Verkauf oder der Fertigung aller Produkte eines Unternehmens, oder aber an "Objekten", beispielsweise einem Produkt und allen darauf anzuwendenden Funktionen. Die objektorientierte Sichtweise dient als Basis einer prozeßorientierten Organisation: Diese betrachtet nicht einzelne Funktionen, sondern Funktionsfolgen, die eine übergeordnete Aufgabenstellung mit einem Ergebnis von Wert für den Kunden, also eine Leistung, vollständig unterstützen, z.B. die Auftragsbearbeitung, vom Eingang des Kundenauftrages bis zum Versand des entsprechenden Produktes. Zunehmend herrscht Einigkeit darüber, daß die Prozeßorientierung bei der Gestaltung von Organisationsstrukturen dominiert [6]. Nicht einzelne Funktionen stehen im Mittelpunkt der Überlegungen, sondern komplette Geschäftsprozesse.

Die Optimierung der Geschäftsprozesse erfolgt in der Regel auf Basis der Informationstechnik, welche vielfach erst effizientere und effektivere Arbeitsabläufe ermöglicht. Dabei besitzt der Einsatz von Standardanwendungssoftware zahlreiche Vorteile gegenüber der Verwendung von Individualsoftware und setzt sich deswegen immer stärker durch. Die Einführung betriebswirtschaftlicher Standardsoftware in einem Unternehmen wird zum zentralen Bestandteil der Organisationsgestaltung und muß sich folglich an den Geschäftsprozessen und nicht an der in der Regel funktionalen Struktur der Software orientieren. Dabei ist zu beachten, daß auch integrierte Softwaresysteme, wie z.B. SAP R/3, in ihrer Struktur weitgehend funktionsorientiert sind, worauf z.B. schon Modulnamen hindeuten. Die Integration der Funktionsbereiche erlaubt zwar eine Unterstützung von Geschäftsprozessen, erfordert aber eine entsprechend gestaltete Einführung [11], nämlich ein spezielles Vorgehen zur GES.

1.2 Methodischer Rahmen

Die GES erfordert zahlreiche Aktivitäten von der Konzeption der Geschäftsprozesse bis zur Einstellung von Parametern im Customizing. Die meisten dieser Aktivitäten können durch Software-Tools oder die einzuführende Standardsoftware selbst unterstützt werden. Zur Strukturierung der Aktivitäten und einzusetzenden Werkzeuge soll die von Scheer entwickelte Architektur zur Unterstützung von Geschäftsprozessen, das "ARIS - House of Business Engineering" (HoBE) verwendet werden [20]. Diese teilt die Aufgaben zur Planung und Realisierung von Geschäftsprozessen in vier Ebenen ein:

- Ebene I: Process Design (eigentliche Prozeßoptimierung)
- Ebene II: Process Management (Prozeßmanagement)
- Ebene III: Process Workflow (Vorgangssteuerung)
- Ebene IV: Process Applications (Bearbeitung)

Für die GES bedeutet diese, daß die Geschäftsprozesse zunächst zu konzipieren sind. Diese Konzeption ist, nach der Inbetriebnahme der Software, Grundlage für das Management der Prozesse und damit für deren kontinuierliche Verbesserung. Die Standardsoftware sorgt durch eine zumindest teilweise vordefinierte Abfolge der Funktionen für die Vorgangssteuerung. Ergibt sich während der Prozeßdefinition die Notwendigkeit einer abweichenden Vorgangssteuerung, so sind spezielle Workflow-Systeme einzusetzen. Diese können entweder als spezielle Module der Standardsoftware angeboten werden, was z.B bei SAP R/3 der Fall ist, oder aber extern beschafft werden. Externe Workflow-Systeme bieten sich vor allem dann an, wenn damit Module verschiedener Software-Systeme verbunden werden sollen. Die Standardsoftware-Module werden dann auf der Process Application Ebene entsprechend der konzeptionellen Vorgaben (entwikkelt auf der Design-Ebene) konfiguriert.

Zentrale Bedeutung für die eigentliche Einführung hat die Process Design Ebene. Hier werden sowohl die Strukturen der Geschäftsprozesse festgelegt, als auch die detaillierte Umsetzung der Arbeitsabläufe mit Hilfe der Standardsoftware definiert. Somit wird der Weg vom Unternehmensziel zur Standardsoftware-Konfiguration hier vorbestimmt. Entscheidend ist dann die Überführung dieser Vorgaben in die Process Application Ebene bzw. in die Workflow Ebene. Dies stellt eine zukünftige Bearbeitung der Aufgaben im Sinne des Designs sicher.

Im Rahmen des Process Designs tauchen im Rahmen von Software-Einführungen häufig zwei grundsätzliche Probleme auf:

- Einerseits kommt es vor, daß die zukünftigen Prozesse sehr ausführlich beschrieben werden, was sehr viel Zeit kosten kann. Viele der erarbeiteten Ergebnisse werden nicht mehr oder nur noch teilweise verwendet. Immer weniger Unternehmen können sich dies leisten.

- Deswegen gehen manche Unternehmen andererseits dazu über, weitgehend von einer Konzeption der Prozesse abzusehen und die Standardsoftware basierend auf "informellen" Diskussionsergebnissen zu installieren. Dies führt dann aber nicht selten dazu, daß Unternehmens-Anforderungen nicht oder nur unzureichend erfüllt werden, da diese den "Software-Konfiguratoren" bzw. den späteren Anwendern nicht ausreichend bekannt waren. Erwartete Nutzeneffekte bleiben aus.

Diese Problematik kann mit Hilfe der ebenfalls von Scheer entwickelten "Architektur integrierter Informationssysteme" (ARIS) gelöst werden [18]. Diese kann als Hilfsmittel verwendet werden, um Geschäftsprozesse effizient, aber dennoch hinreichend vollständig zu beschreiben. Nach ARIS kann ein Prozeß aus vier verschiedenen Sichten betrachtet werden (vgl. Abbildung 1):

- Organisationssicht (Wer ist an dem Prozeß beteiligt?)
- Funktionssicht (Was wird in diesem Prozeß gemacht?)
- Datensicht (Welche Informationen werden erzeugt oder benötigt?)
- Steuerungssicht (Wie spielen die drei übrigen Sichten zusammen? Wer führt welche Funktionen mit Hilfe welcher Daten in welcher Ablauflogik aus?)

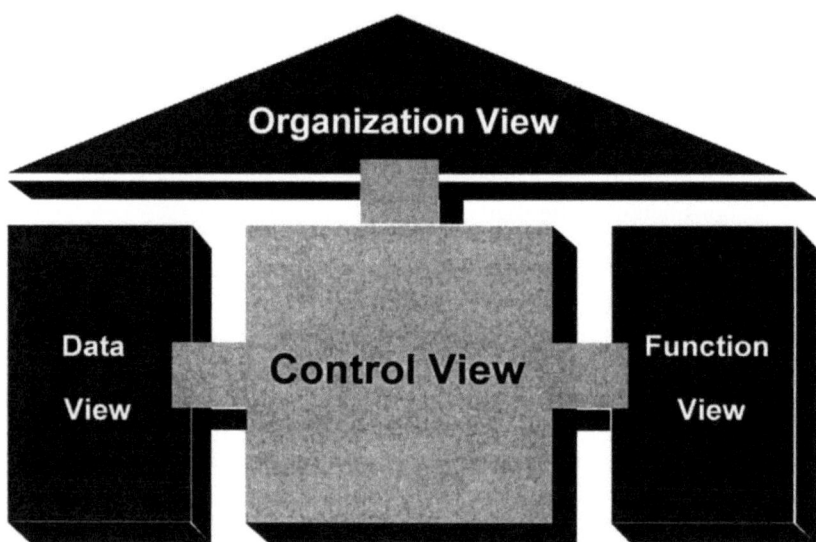

Abbildung 1: ARIS-Informationssystemsichten

Ist es möglich, die den verschiedenen Sichten zugeordneten Fragen zu beantworten, dann ist ein Geschäftsprozeß hinreichend beschrieben. Hierbei spielt insbesondere die Steuerungssicht eine zentrale Rolle, da sie die einzelen Sichten zusammenführt und somit die Grundlage für funktionierende Arbeitsabläufe darstellt [6].

2 Phasen der geschäftsprozeßorientierten Einführung

Im folgenden werden die Phasen der GES vorgestellt, welche auf dem HoBE und der ARIS-Architektur basieren. Eine detaillierte Beschreibung kann der entprechenden Fachliteratur entnommen werden [6]. Die GES läßt sich in folgende Phasen einteilen:

- Strategie-basiertes Geschäftsprozeßoptimierungs-Konzept (GPO-Konzept),
- Standardsoftware-basiertes GPO-Konzept,
- GPO-Realisierung und den
- Übergang zum "Continuous Improvement Process" (CPI).

Diese Phasen können generell als Vorgehensweise zur Standardsoftware-Einführung verwendet werden. Auf spezielle Aspekte der R/3 Einführung wird im Rahmen der Ausführungen hingewiesen.

2.1 Strategie-basiertes GPO-Konzept

Ziel des strategie-basierten GPO-Konzeptes ist es, die Aktivitäten der Einführung auf die Unternehmensziele auszurichten. Es ist sicherzustellen, daß die GES zu einem betriebswitschaftlich orientierten Geschäftsprozeßoptimierungs-Projekt und nicht zu einem Standardsoftware orientierten Technologie-Projekt wird. Hier wird ein softwareneutraler Rahmen für die folgenden auf die Standardsoftware ausgerichteten Phasen der GES geschaffen.

Hauptschritte des strategie-basierten GPO-Konzeptes sind:

- Festlegung des Zielsystems
- Erarbeitung eines Produkt- und eines Marktmodelles
- Definition der Geschäftsprozesse

Im Rahmen der Festlegung des Zielsystems werden, ausgehend von der Wettbewerbsstrategie die kritischen Erfolgsfaktoren abgeleitet und darauf basierend operative Ziele definiert. Zur Festlegung der Wettbewerbsstrategie können die drei Grundstrategien

- Differenzierung,
- Kostenführerschaft und
- Fokussierung, also Konzentration auf Schwerpunkte

unterschieden werden [13]. Daraus werden die kritischen Erfolgsfaktoren abgeleitet, indem ermittelt wird, welche Resultate auf jeden Fall erzielt werden müssen, um die

Wettbewerbsstrategie umzusetzen [14]. Kritische Erfolgsfaktoren sind i.d.R. Angaben, welche sich auf die Erhöhung der Flexibilität und der Qualität oder aber auf die Reduktion von Kosten beziehen. Auf Grundlage der Erfolgsfaktoren werden dann operative Ziele festgelegt. Ein solches Ziel, welches sich auf einen oder mehrere Erfolgsfaktoren beziehen kann, ist gekennzeichnet durch

- Zielsubstanz (z.B. Reduzierung der Zeit zur kaufmännischen Auftragsbearbeitung),

- Zielausmaß (z.B. um 60 %) und

- Zielperiode (z.B. in 6 Monaten) [23].

Mit Hilfe dieser Ziele können einerseits Projektaktivitäten im Sinne der Unternehmensstrategie gesteuert werden, andererseits läßt sich damit der Erfolg einer Einführung überprüfen. Nicht hunderte farbiger Bildschirme machen eine Einführung zu einem Erfolg, sondern die Erreichung der definierten betriebswirtschaftlichen Ziele. Dies sollte gerade bei umfangreichen und mit hohen Kosten verbundenen Einführungsprojekten, wie einer SAP R/3 Einführung, berücksichtigt werden.

Die so definierten Ziele werden erreicht, indem Produkte (im weiteren Sinne, also inklusive Dienstleistungen) beschafft und auf bestimmten Märkten (in definierten Segmenten) abgesetzt werden [5]. Zur Definition der resultierenden Geschäftsprozesse sollen deshalb Produkte und Märkte näher betrachtet werden. Dies geschieht durch die Erarbeitung von Produkt- und Marktmodellen [10]. Der Zusammenhang zwischen Zielen, Produkt- und Marktmodell sowie der Geschäftsprozeßdefinition ist dargestellt in Abbildung 2.

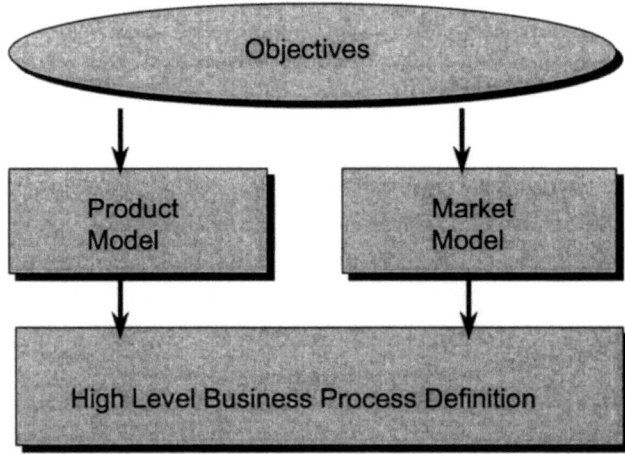

Abbildung 2: Vorgehen zur Definition von Geschäftsprozessen

Das Produktmodell beschreibt die Marktleistung eines Unternehmens. Das Modell enthält:

- alle Güter und Dienstleistungen, die am Markt angeboten werden,

- diejenigen Produktbestandteile (inkl. Serviceleistungen), welche die Entscheidung eines Kunden maßgeblich beeinflussen und die

- wesentlichen Beziehungen zwischen den genannten Elementen.

Im ersten Schritt der Erarbeitung des Produktmodells werden mit Hilfe von Kreativtechniken (z.B. der Metaplan-Technik) die Elemente des Modells ermittelt. Bei der Auswahl der zu berücksichtigenden Elemente ist zu beachten, daß es nicht darum geht, komplette Stücklisten Rezepturen oder sonstige Produktbeschreibungen abzubilden. Lediglich die für die Kaufentscheidung von Kunden relevanten Elemente sind in das Modell aufzunehmen.

Diese Elemente werden dann in einem zweiten Schritt in Beziehung zueinander gesetzt. Dabei ist darauf Wert zu legen, daß lediglich besonders wichtige Beziehungen (in Hinblick auf die Zielerreichung), aufgenommen werden. Durch diese Konzentration auf das Wesentliche wird ein effizienter Einsatz des Modells in weiteren Projektphasen gewährleistet.

Als Darstellungverfahren eignen sich Entity-Relationship-Modelle. Vorteile dieser Verfahrensunterstützung gegenüber weniger formalisierten Verfahren (z.B. der Darstellung in Textform) sind

- die Förderung einer systematischen Ermittlung aller relevanten Elemente des Marktdatenmodells,

- die kompakte Darstellungsmöglichkeit (i.d.R. nur eine DIN A4 Seite für ein Modell) und

- der relativ hohe Verbreitungsgrad dieser Darstellung.

Formale Anforderungen der verschiedenen Ausprägungen der ERM-Verfahren sollten jedoch soweit wie möglich reduziert werden. So kann häufig ohne Verlust zentraler Aussagen auf die Angabe von Kardinalitäten zur Beschreibung der Beziehungen verzichtet werden. Zur Sicherstellung einer breiten Akzeptanz ist eine einfache und übersichtliche Darstellung erforderlich. Rein methodische Aspekte treten in den Hintergrund.

Ein anonymisiertes Beispiel für ein Produktmodell zeigt Abbildung 3. Neben dem Fahrzeug, als zentralem Produkt, werden auch Fahrzeugkomponenten, wie z.B. der Antrieb, als Produkte am Markt angeboten. Ergänzt wird das Produktspektrum durch Dienstleistungen, die sowohl bezogen auf eigene Güter (z.B. das Fahrzeug) als auch unabhängig davon am Markt angeboten werden. Beispiele hierfür sind das Engineering, der Service und das Projektmanagement.

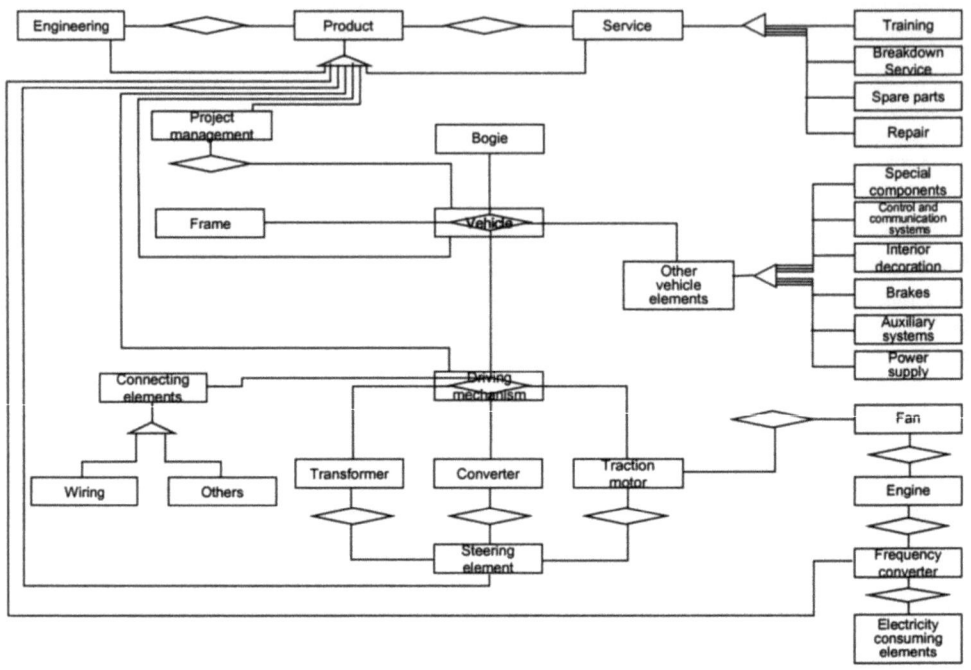

Abbildung 3: Beispiel für ein Produktdatenmodell

Das Marktmodell beschreibt die zentralen Aspekte des Unternehmensumfeldes, insbesondere des Absatzmarktes. Es enthält

- Elemente, die den Markt, insbesondere den Absatzmarkt, maßgeblich kennzeichnen,
- Elemente, die Aktionen auf dem Markt maßgeblich unterstützen und die
- wesentlichen Beziehungen zwischen den genannten Elementen.

Die Erarbeitung des Marktmodells erfolgt analog zur Erarbeitung des Produktmodells.

Nach Erstellung von Produkt- und Marktmodell sind beide Modelle miteinander abzugleichen. Dabei ist insbesondere zu überprüfen, ob die im Marktmodell beschriebenen Kundenbedürfnisse durch die im Produktmodell aufgezeigten Güter und Dienstleistungen befriedigt werden. Erforderlichenfalls sind beide Modelle zu modifizieren.

Markt- und Produktmodell dienen dann als Basis zur Definition der Geschäftsprozesse. Die resultierenden Prozeßmodelle enthalten

- die Kerngeschäftsprozesse eines Unternehmens,
- die wichtigsten Teilprozesse, welche die Struktur der Kerngeschäftsprozesse prägen und

- die zentralen logischen Abhängigkeiten zwischen den Teilprozessen und damit auch zwischen den Kerngeschäftsprozessen.

Der Einsatz von Markt- und Produktdatenmodell stellt eine markt- und produktgerechte Geschäftsprozeß-Definition sicher.

Als erster Schritt der Ableitung der Geschäftsprozesse erfolgt eine Clusterung der Elemente von Markt- und Produktdatenmodell. Ergebnis sind die Kerninformationsobjekte. Die Clusterung ergibt sich z.T. aus den Beziehungen der Elemente der Datenmodelle. Ausschlaggebend ist jedoch die semantisch-inhaltliche Zusammengehörigkeit, also eine betriebswirtschaftliche Bewertung. Typische Cluster von Marktmodellen sind die Bedürfnisse verschiedener Kundengruppen oder Elemente der Angebots- und Auftragsbearbeitung. Im Produktmodell können z.B. Dienstleistungen, Komplett-Güter (z.B. komplette Anlagen) und Komponenten (z.B. verkaufsfähige Baugruppen) zusammengefaßt werden. Auch eine Clusterung nach dem Standardisierungsgrad der Produkte hat sich in der Praxis bewährt.

Basierend auf den Kerninformationsobjekten können die Kerngeschäftsprozesse definiert werden. Diese ergeben sich aus den Aufgaben, welche im Zusammenhang mit den Informationsobjekten zu erfüllen sind. Beispiele hierfür sind die Auftragsbearbeitung von Komplett-Anlagen vom Pre-Sales-Marketing bis zum Versand, die Auftragsbearbeitung von Komponenten vom Pre-Sales-Marketing bis zum Versand, die Grundlagenentwicklung, von der Marktuntersuchung bis zur Serienfreigabe eines Produktes oder die Kundenbetreuung vom Kauf eines Produktes bis zur Ersatzinvestition.

Die Struktur der Kerngeschäftsprozesse wird jetzt, unter Zuhilfenahme der Elemente aus Produkt- und Marktmodell, ermittelt. Das bedeutet, es werden die zentralen Funktionen bestimmt, welche in einem Kernprozeß zur Bearbeitung der zugeordneten Elemente benötigt werden. Hilfreich ist hierbei der Einsatz von Branchenreferenzmodellen, welche die unternehmensneutrale Ermittlung relevanter Funktionen (bzw. Teilprozesse) erleichtern. Die kreative Arbeit kann sich dann auf eine unternehmensspezifische Anpassung konzentrieren.

Als letzter Schritt werden die logischen Abhängigkeiten zwischen den Funktionen und damit auch zwischen den Kerngeschäftsprozessen ergänzt. Diese sagen aus, welche Funktion welche andere Funktion anstößt. Auf die Angabe von Datenflüssen sollte aus Übersichtlichkeitsgründen verzichtet werden.

Produkt- und Marktmodell sind Hilfsmittel zur Prozeßdefinition. Eine streng formale Ableitung ist nicht möglich. Es handelt sich vielmehr um einen betriebswirtschaftlich-unternehmerischen Kreativvorgang.

Als Darstellungsverfahren für die Prozeßdefinition hat sich der Einsatz von Wertschöpfungskettendiagrammen bewährt. Die Symbole sollten jedoch auf die Darstellung von Funktionen (Teilprozessen) und deren logischer Abhängigkeit beschränkt werden. Dies stellt sicher, daß zentrale betriebswirtschaftliche Inhalte, nämlich die definierten Geschäftsprozesse mit der Ablauflogik ihrer Funktionen, im Vordergrund stehen.

Ein anonymisiertes Beispiel für eine Geschäftsprozeß-Definition in Form eines Wertschöpfungskettendiagramms zeigt Abbildung 4. Die Kerngeschäftsprozesse "Fahrzeuge", "Baugruppen", "Grundlagenentwicklung" und "Unterstützende Prozesse" sind in ihrer Struktur dargestellt. Ein wichtiger Aspekt ist z.B. die Tatsache, daß das "Projektmanagement Fahrzeuge" neben dem "Engineering Fahrzeuge", der "Grobplanung Fahrzeuge" und dem "operativen Einkauf" auch die "Angebots- /Auftragsbearbeitung Baugruppen" anstoßen kann. Dies ist der Ursprung von Innengeschäften, beispielsweise zwischen Profitcenters.

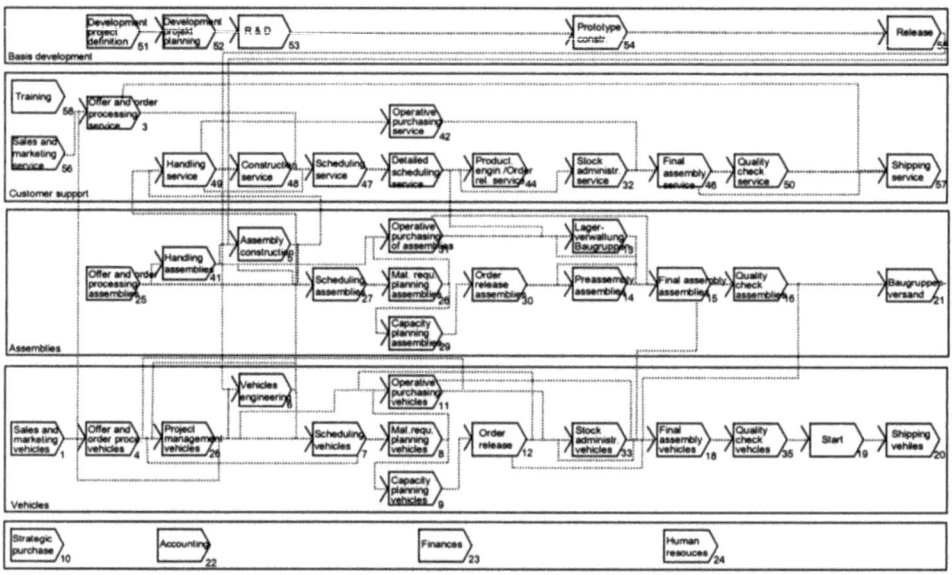

Abbildung 4: Beispiel für eine Geschäftsprozeß-Definition

Die so definierten Geschäftsprozesse bilden nun den Rahmen für die weiteren Einführungsaktivitäten. Wettbewerbsrelevante Funktionen oder Teilprozesse sind zu detaillieren, falls die entsprechenden Gesichtspunkte in der Prozeßdefinition nicht ausreichend beschrieben sind. Dies ist erforderlich, um deren weitere Berücksichtigung sicherzustellen.

Werden nicht alle Bereiche der Geschäftprozesse durch die SAP R/3 Software abgedeckt [21], so ist vor den weiteren Einführungsschritten eine Software-Auswahl durchzuführen, da die folgenden Phasen der GES software-spezifisch gestaltet werden.

Die Geschaeftsprozeß-Definition kann als Grundlage für die Projektplanung der weiteren GES-Aktivitäten verwendet werden. Dies stellt eine prozeßorientierte Projektstruktur sicher.

2.2 Standardsoftware-basiertes GPO-Konzept

Die definierten Geschäftsprozesse werden jetzt basierend auf den Möglichkeiten der SAP R/3 Software (und möglicherweise zusätzlich einzusetzender Software-Produkte) spezifiziert. Es wird somit auf fachlich-betriebwirtschaftlicher Ebene eine Verbindung zwischen den Geschäftsprozessen eines Unternehmens und der einzusetzenden Software hergestellt. Haupthilfsmittel sind hier software-spezifische Referenzmodelle, insbesondere das R/3 Referenzmodell.

Die Erarbeitung des standardsoftware-basierten GPO-Konzeptes umfaßt folgende Hauptschritte:

- Auswahl der relevanten Ausschnitte aus dem Referenzmodell;
- Detaillierung der Prozeßbeschreibung auf Transaktionsebene;
- Aufbauorganisatorische Einbettung der Prozesse.

Standardsoftware-Referenzmodelle stellen eine formale Beschreibung der mit Hilfe der Software zu unterstützenden Prozesse dar. Sie zeigen, wie Arbeitsabläufe mit Hilfe der Standardsoftware gestaltet werden können. Da die SAP R/3 Software sehr viele Funktionalbereiche eines Unternehmens abdeckt, ist sie durch mehr als 600 Einzelprozeßmodelle beschrieben. Basierend auf der Geschäftsprozeßdefinition des strategie-basierten GPO-Konzeptes sind nun die relevanten Prozesse aus dem Referenzmodell auszuwählen. Dazu sind entweder das R/3 Referenzmodelle oder entsprechende Modelle anderer einzusetzender Software-Produkte zu verwenden.

Im SAP R/3 Referenzmodell wird diese Auswahl durch eine spezielle Modell-Strukturen unterstützt. So sind die Übersichten über die Prozesse alle in modul-bezogenen Matrizen dargestellt (Prozeßauswahlmatrizen). Diese erlauben zunächst die Auswahl kompletter relevanter Geschäftsszenarien. Innerhalb dieser Szenarien können dann die relevanten Einzelprozesse bestimmt werden [1]. Diese sind auf "Transaktionsebene" modelliert, d.h. jeder Funktion wird eine SAP R/3 Transaktion zugeordnet. Damit läßt sich später eine Verbindung direkt zu den relevanten Einstiegsbildschirmen im R/3 System herstellen. Eine Erläuterung der einzelnen Prozesse, die in ereignisgesteuerten Prozeßketten dargestellt sind (EPK), erfolgt durch zusätzliche Informationsmodelle des Referenzmodells [15] sowie die SAP R/3 Dokumentation auf welche von dem Refernzmodell aus zugegriffen werden kann. Einen Ausschnitt einer Prozeßdarstellung aus dem R/3 Referenzmodell zeigt Abbildung 5.

Die grob definierten Geschäftsprozesse werden jetzt mit Hilfe der relevanten Referenzmodell-Ausschnitte detailliert. Das bedeutet, nicht relevante Prozeß-Abschnitte des Referenzmodells werden eliminiert, zusätzlich benötigte Abläufe ergänzt. Werden Ergänzungen vorgenommen, so ist zu überprüfen, ob diese mit Hilfe der Standardsoftware unterstützt werden können. Diese Überprüfung geschieht i.d.R. durch geeignete Test mit Hilfe der Software. Ist eine Lösung innerhalb der Standardfunktionalität nicht möglich, so sind geeignete organisatorische Maßnahmen oder aber eine Software-Ergänzung zu definieren.

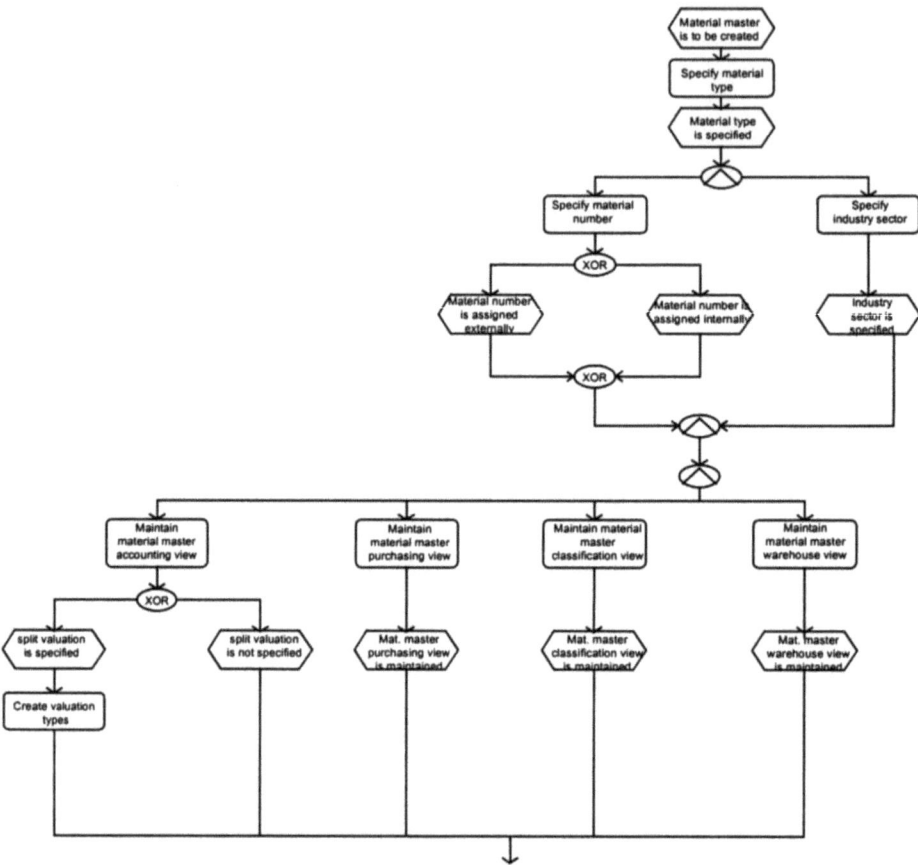

Abbildung 5: Ausschnitt aus dem R/3 Referenzmodell

Den einzelnen Funktionen der Prozeßmodelle auf Transaktionsebene werden nun die verantwortlichen Organisationseinheiten zugeordnet. Diese Einheiten werden entweder vorhandenen Organigrammen entnommen oder aber aufgrund der Geschäftsprozeßdefinition und der durchgeführten Detaillierung neu bestimmt. Auch eine Zuordnung der wichtigsten Input- und Output-Daten zu den einzelnen Funktionen ist ist häufig sinnvoll (kann dem Referenzmodell entnommen werden), um die Funktionen ausreichend zu beschreiben.

Diese komplette Darstellung der Prozesse wird häufig in Form von Vorgangskettendiagrammen (VKD) durchgeführt, da diese Formularform das Lesen der Modelle erleichtert und somit deren Einsatz im Rahmen von Change Mangement Aktivitäten (z.B. dem Training) erleichtet. Einen Ausschnitt aus einer Prozeßdarstellung in Form einer VKD zeigt Abbildung 6. Hier wird beschrieben, welche Organisationseinheit welche Funktionen mit Hilfe welcher Daten und welcher SAP-Befehle ausführt.

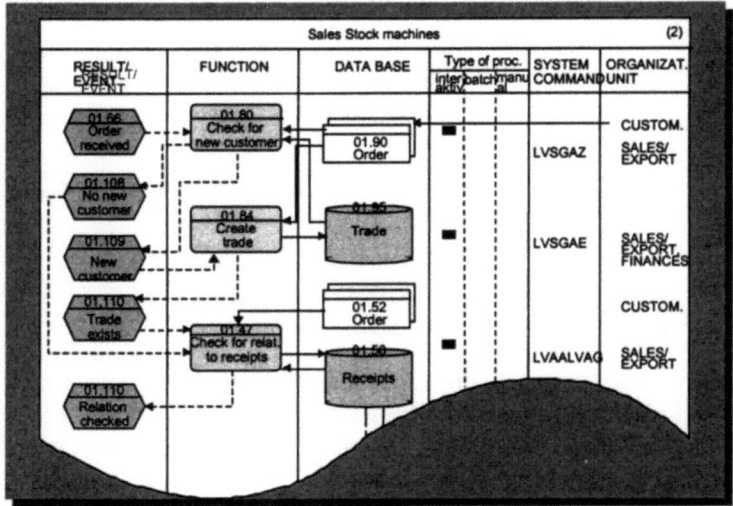

Abbildung 6: Ausschnitt aus einem SAP R/3-basierten Prozeß in VKD-Darstellung

Komplexe Prozeßabschnitte können weiter, bis auf Maskenebene, detailliert werden. Das bedeutet, jeder Funktion wird genau eine R/3 Bildschirmmaske zugeordnet. Somit können zukünftige Benutzer Schritt für Schritt durch das System geführt werden. Dieser Detaillierungsgrad der Prozeßbeschreibung wird nicht durch das R/3 Referenzmodell abgedeckt. Hier ist eine unternehmensspezifische Beschreibung der Bildschirmabläufe vorzunehmen.

Die Prozeßbeschreibung bildet die Grundlage für die Ableitung der SAP-Organisationselemente. Diese "Organisationselemente", mit deren Hilfe z.B. Reporting oder Funktionszugriffsmöglichkeiten gesteuert werden, sind ebenfalls im R/3 Referenzmodell beschrieben. Die unternehmensspezifische Ausprägung erfolgt durch geeignete Abbildung der Unternehmensorganisationsstruktur. Hierbei ist zu beachten, daß bestimmte SAP-Organisationseinheiten (z.B. Mandanten, Buchungskreise oder Werke) günstigerweise vor Durchführung irgendwelcher Konfigurations-Aktivitäten vorzunehmen sind, um aufwendige Nacharbeiten zu vermeiden.

2.3 GPO-Realisierung

Auf Grundlage der Modelle des standardsoftware-basierten GPO-Konzeptes erfolgt nun die Realisierung des Konzeptes. Diese verläuft überlappend zur Erarbeitung der konzeptionellen Aktivitäten, d.h. während einige Prozesse noch konzipiert werden, sind für andere bereits Realisierungsaktivitäten im Gange. Dies ermöglicht einerseits eine effiziente Einführung und stellt andererseits eine laufende Rückkopplung zwischen Konzeption und Realität sicher.

Die Aktivitäten der GPO-Realisierung lassen sich in

- DV-orientierte Maßnahmen,

- Organisations-orientierte Maßnahmen und den

- Produktivstart

unterteilen. Dabei beziehen sich die DV-orientierten Maßnahmen auf Software, Daten (z.B. die Datenübernahme), Hardware und Tests. Eine zentrale Stellung nimmt dabei das Customizing [24] der Standardsoftware ein, d. h. die unternehmensspezifische Konfigurierung verschiedener Parameter. Diese ist aus den im standardsoftware-basierten GPO-Konzept entwickelten Modellen abzuleiten.

Dabei ist es mittlerweile möglich, durch geeignete Software-Werkzeuge direkt von den relevanten Funktionsdarstellungen des R/3 Referenzmodells in die entsprechenden Customizing Menüs der R/3 Software zu gelangen [20]. Dies ermöglicht eine betriebswirtschaftlich gesteuerte Durchführung des Customizings. Allerdings sind dann auch weiterhin zahlreiche interaktive Einzelaktivitäten durchzuführen [3]. Dies ist im Wesentlichen darauf zurückzuführen, daß eine vollständige Automatisierung des Customizings eine unwirtschaftliche Detaillierung der Referenzmodelle verlangen würde.

Organisations-orientierte Maßnahmen sind Umsetzungs-Aktivitäten bzgl. Personal, Aufbau- und Ablauforganisation sowie Räumlichkeiten. Dabei nehmen die Schulungsaktivitäten im Rahmen der personal-orientierten Maßnahmen eine herausragende Stellung ein. Hierbei können wiederum Anwenderschulungen und Systembetreuerschulungen unterschieden werden.

Insbesondere die erfolgreiche Durchführung der Anwenderschulungen ist kritisch für die GPO-Realisierung. Dazu hat sich eine Vorgehensweise in vier Phasen als sinnvoll erwiesen:

- Grundschulung Gesamtprozesse: Hier erhalten die zukünftigen Benutzer der Software einen betriebswirtschaftlich gestalteten Überblick über ihre neuen, möglicherweise veränderten Aufgaben. Auch werden vorhandenen Abhängigkeiten aufgezeigt.

- Grundschulung Standardsoftware (z.B. SAP R/3): Die Software wird als Werkzeug vorgestellt (Bildschirmaufbau, Hilfefunktionen, ...).

- Ablaufschulung: Dies ist die zentrale Schulungsphase, in der behandelt wird, wie das "Werkzeug" Software zur Erfüllung der anstehenden Aufgaben eingesetzt wird. Dies geschieht auf Basis der Modelle aus dem standardsoftware-basierten GPO-Konzept, was dessen Umsetzung sicherstellt.

- Kick-Off Schulung: Dabei werden spezielle Probleme der Anlaufphase und deren Lösung erläutert.

Die Schulungen können je nach Voraussetzung vor den sonstigen Realisierungsmaßnahmen oder parallel dazu durchgeführt werden. Sie sollten einerseits sehr früh gestartet werden, um die zukünftigen Software-Anwender sorgfältig vorbereiten zu können, andererseits darf der Zeitabstand zwischen Schulung und produktiver Arbeit mit dem System nicht zu groß sein, um dem Vergessen der Schulungsinhalte vorzubeugen.

Wichtig ist, daß auf Basis der während der Konzeption erstellten Unterlagen geschult wird, um so eine zielgerichtete GPO-Realisierung sicherzustellen.

Der Produktivstart ist die Überführung der "Build-time"-Phase der Prozesse in die "Runtime"-Phase. Dazu gehört die Inbetriebnahme der Standardsoftware, die Aktivierung aller dv- und organisationsorientierten Maßnahmen sowie die Anlaufunterstützung der zukünftigen Anwender.

2.4 Übergang zum CPI

Nach dem Produktivstart ist die Erreichung der definierten Projektziele sicherzustellen. Dies erfordert eine laufende Kontrolle der Zielerreichung und gegebenenfalls die Einleitung von Korrekturmaßnahmen. Das bedeutet, nach dem Produktivstart geht die Einführung direkt in einen kontinuierlichen Verbesserungsprozeß (continous process improvement) über. Diese Phase kann als Teil der GPO-Realisierung gesehen werden, soll aber aufgrund ihrer großen Bedeutung für den letztendlichen Projekterfolg als eigenständiger Einführungsschritt der GES herausgehoben werden.

Die wesentlichen Aktivitäten des CPI sind hier:

- Prüfen der GES-Rahmenbedingungen,
- Prüfen der Zielerreichung,
- Anpassung der GPO-Realisierung und
- Anpassung der GPO-Konzepte.

Hat sich der Umweltzustand, welcher bei der Erarbeitung von strategie- und standardsoftware-basiertem GPO-Konzept vorlag, verändert (z.B. neue Produkte ins Produktprogramm aufgenommen oder neues Standardsoftware-Release), dann sind alle davon betroffenen konzeptionellen und Realisierungsaktivitäten daraufhin zu überprüfen und erforderlichenfalls Korrekturmaßnahmen zu definieren. Insbesondere grundsätzliche betriebswirtschaftliche Änderungen (z.B. die Erweiterung des Produktprogramms oder gravierende Erweiterungen der Standardsoftware) können zu erheblichen Nacharbeiten führen. Sie sollten deswegen im Rahmen der Einführung soweit wie möglich vorweg genommen werden.

Die Zielerreichung ist in Abhängigkeit der einzelnen Zielperioden zu überprüfen. Wurden Ziele nicht wie erwartet erreicht, so ist zu überprüfen, ob dies auf unzureichende konzeptionelle oder Realisierungs-Aktivitäten zurückzuführen ist, oder aber die Zieldefinition nicht realistisch war. Im ersten Fall sind wiederum Korrekturmaßnahmen zu definieren, im letzteren werden die Ziele angepaßt. Dabei ist darauf zu achten, daß das Zielausmaß weitgehend beibehalten wird, um die Wirtschaftlichkeit des Projektes nicht in Frage zu stellen.

Abweichungen zwischen realen Abläufen und den im Rahmen des standardsoftwarebasierten GPO-Konzeptes definierten Arbeitsabläufen werden durch eine entsprechende Anpassung der GPO-Realisierung beseitigt.

Kann die Zielerreichung nicht durch eine Optimierung der Realisierungs-Maßnahmen erreicht werden, so sind das standardsoftware-basiertes GPO-Konzept oder sogar das strategie-basierte GPO-Konzept entsprechend anzupassen. Daraus leiten sich dann neue Realisierungsmaßnahmen ab.

3 Umsetzung der geschäftsprozeßorientierten Einführung

Abschließend wird die Umsetzung der GES diskutiert. Dabei soll insbesondere auf den Einsatz von Software-Tools im Rahmen der Einführung eingegangen werden. Schließlich erfolgt eine kurze Darstellung vorliegender Praxiserfahrung.

3.1 Einsatz von Tools

Da die gesamte Vorgehensweise auf der ARIS-Arichtektur beruht, ist ein Einsatz des diese Architektur unterstützenden ARIS-Toolsets [20] sinnvoll. Dieses unterstützt eine konsistente und effiziente Erstellung und Bearbeitung der vorgestellten Informationsmodelle. Die universell einzetzbare Meta-Stuktur dieses BPR-Tools läßt auch eine projektspezifische Abweichungen oder Ergänzungen zu der vorgestellten Vorgehensweise zu.

Eine Software-Tool-Unterstützung scheint auf den ersten Blick im Rahmen der Erarbeitung der Informationsmodelle des strategie-basierten GPO-Konzeptes nicht notwendig zu sein, da das zu handhabende Datenvolumen relativ gering sein kann. Praktische Erfahrungen haben jedoch gezeigt, daß gerade hier während der Erstellung der Modelle viele Änderungen notwendig sind, bis eine stabile Modellversion erreicht wird. Dabei führt eine geeignete Tool-Unterstützung sowohl zu Effizienzgewinnen als auch zu einer einfacheren Betrachtung und Einbeziehung von Alternativen. Werden umfangreichere Branchenreferenzmodelle (zu beschaffen z.B. bei Beratungsunternehmen) [2], beispielsweise als Checkliste, eingesetzt, so ist eine geeignete Tool-Unterstützung unabdingbar.

Letzteres gilt insbesondere für die Erarbeitung des standardsoftware-basierten GPO-Konzeptes. Modelle, wie z.B. das im ARIS-Toolset verfügbare R/3 Referenzmodell [8], können ohne geeigete Tool-Unterstützung nicht in der beschriebenen Art und Weise bearbeitet werden. Dies hat dazu geführt, daß SAP, aber auch andere Standardsoftware-Anbieter, wie z.B. Baan oder Peoplesoft, Modelle in eigenen, in die Anwendungssoftware integrierten Tools anbieten [4], beispielsweise in Form des Business Engineers der SAP [17]. Es zeigt sich jedoch ein Trend zur Kombination verschiedener Software-Produkte, beispielsweise Peoplesoft im Personalbereich, SAP in der Logistik. Dann ist es erforderlich, von proprietären Einführungs-Tools abzusehen und dafür standardsoftware-unabhängige übergreifende Tools einzusetzen. So kann z.B. das ARIS-Toolset als unternehmensweites "Process Warehouse" [25] eingesetzt werden, was als Basis für die Konfiguration verschiedener Standardsoftware-Systeme dient, aber auch zur Erstellung unternehmensweiter Berichte (z.B. für ISO 9000) eingesetzt werden kann. Das Prinzip des "Process Warehouses" ist dargestellt in Abbildung 7.

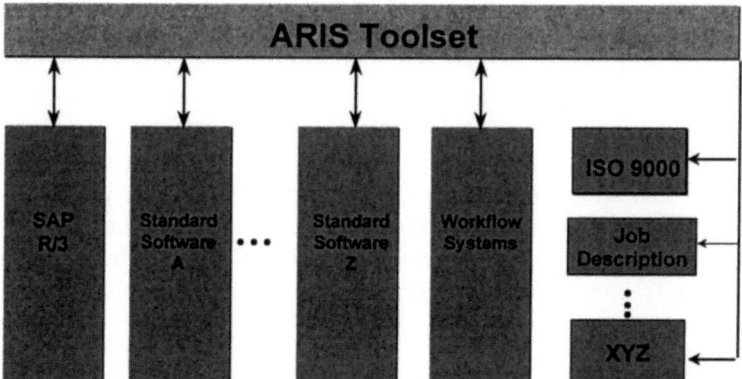

Abbildung 7: ARIS-Toolset als "Process Warehouse"

Im Rahmen der GPO-Realisierung sind die konfigurationsrelevanten Informationen der erarbeiteten Modelle in die Software zu überführen, um dann mit software-spezifischen Hilfsmitteln, z.B. dem Implementation Guide (IMG) [16] des R/3 Systems, weiterarbeiten zu können. Ein Beispiel für die zumindest teilweise automatisierte Übernahme der Customizing Informationen ist der Einsatz des oben erwähnten Schnittstellenprogramms "ARIS Link for R/3".

Die im strategie-basierten und im standardsoftware-basierten GPO-Konzept erarbeiteten Informationsmodelle sollten, wie erläutert, auch als Schulungsunterlagen eingesetzt werden. Dies stellt einerseits die Realisierung der Konzepte sicher und dient andererseits deren Validierung. Hierbei sind vom Einsatz von Schnittstellenprogrammen, wie des "ARIS Links for R/3", ebenfalls gute Nutzeneffekte zu erwarten, da eine Verbindung zwischen den Referenzmodellen und den Software-Transaktionen hergestellt wird, so daß aus jeder Funktion im Modell das SAP System mit dem zugehörigen Befehl aufgerufen werden kann. Dies ermöglicht eine Verbindung der Schulung der betriebswirtschaftlichen Arbeitsabläufe mit der Erklärung der zugehörigen Software-Bedienung.

3.2 Praxiserfahrung

Ergebnisse aus mehr als 20 umfangreichen R/3 Einführungen [9] [7] zeigen, daß die vorgestellte betriebswirtschaftlich ausgerichtete und modellbasierte Vorgehensweise zur prozeßorientierten Einführung von SAP R/3 effiziente und effektive Ergebnisse liefert. Eine Schwierigkeit während solcher Einführungsprojekte ist es, den betriebswirtschaftlichen und auf die Unternehmensziele ausgerichteten Fokus der Einführung beizubehalten. Gerade bei umfangreichen und relativ flexiblen Softwaresystemen, wie dem R/3 System, ist die Gefahr groß, daß die technische Einstellung von Parametern oder die Entwicklung von Schnittstellen in den Projektmittelpunkt rückt. Und die ursprünglich definierten Projektziele treten durch diese Technologie-Orientierung in den Hintergrund. Diese Entwicklung wird durch eine konsequente Ausrichtung aller Einführungsaktivitäten an den betriebswirtschaftlich orientierten Informationsmodellen vermieden.

Auch führt eine umfangreiche prozeßorientierte Software-Einführung zur Veränderung vieler Arbeitsabläufe. Dadurch wandelt sich die Arbeitsweise vieler Mitarbeiter eines Unternehmens. Change Management Aktivitäten, also Information, Kommunikation und vor allem Training, spielen deswegen eine herausragende Rolle innerhalb der Software-Einführung [26]. Ein breiter Konsenz und Verständnis bzgl. der Projektziele sind beispielsweise wichtige Voraussetzungen für die Einführung, insbesondere auch für den Anstoß eines kontinuierlichen Verbesserungsprozesses. Laufende Informations-, Kommunikations- und Trainings-Aktivitäten sollten von Beginn an in das Einführungsprojekt integriert werden.

Auch das Projektmanagement [12] und das Projektcontrolling [22] spielen bei einer R/3 Einführung eine entscheidende Rolle. Termine, Kosten und Sachziele sind laufend zu überprüfen, um einen effizienten Ablauf der Einführung sicherzustellen. Projektstruktur, Projektaufbauorganisation und Projektzeitplanung sind auf eine prozeßorientierte Einführung abzustimmen, indem die Geschäftsprozeßdefinition zum zentralen Strukturierungsmerkmal gemacht wird. Dies ermöglicht erst einen Projektablauf basierend auf der vorgestellten Vorgehensweise.

Es ist zu erwarten, daß der laufend verbesserte Tool-Einsatz im Rahmen einer Standardsoftware-Einführung die Konzentration auf betriebswirtschaftliche Aspekte weiter erleichtert. Die Einführung wird immer mehr zu einem eigenständigen Geschäftsprozeß, der in einem Unternehmen dauerhaft zu unterstützen ist, um den Software-Einsatz neuen Marktanforderungen oder erweiterten Einsatz-Möglichkeiten durch neue Release-Stände anzupassen.

Literaturverzeichnis

[1] Bancrof, N.: Implementing SAP R/3 - How to introduce a large system into a large organization. Greenwich 1996, S. 36-39.
[2] Brombacher, R.; Hars, A.; Scheer, A.-W.: Informationsmodellierung. In: A.-W. Scheer (Hrsg.): Handbuch Informationsmanagement: Aufgaben - Konzepte - Praxiserfahrungen. Wiesbaden 1993, S. 173-188.
[3] Crowley, A.: Waiting to exhale. In: PC Week, October 7, 1996.
[4] Gormley, J. T. III; Woodring, S. D.: Package Application strategies. In: Forrester Research, Inc. (Hrsg.): The Forrester Brief. February 13, 1997.
[5] Gutzwiller, T. A.: Implementierung von Geschäftsprozessen mittels SAP R/3: Unmöglichkeit oder Königsweg?. In: Wenzel, P. (Hrsg.): Geschäftsprozeßoptimierung mit SAP R/3. Braunschweig, Wiesbaden 1995, S. 1 - 13.
[6] Hammer, M.; Champy, J.: Business Reengineering: die Radikalkur für das Unternehmen. 2. Auflage, Frankfurt, New York, 1994, S. 52-53.
[7] IDS Prof. Scheer GmbH (Hrsg.): Most comprehensive complete R/3 Implementation: ABB Hochspannungstechnik AG. In: IDS Prof. Scheer GmbH (Hrsg.): Scheer Magazine 1/97. Saarbrücken 1997, S. 22-24.
[8] Keller, G.; Meinhardt, S.: SAP R/3-Analyzer - Optimierung von Geschäftsprozessen auf Basis des R/3-Referenzmodells. Walldorf 1994.
[9] Kirchmer, M.; Lameter, F.: Geschäftsprozeßoptimierung - Kernaufgabe der SAP-Einführung. In: A.-W. Scheer (Hrsg.): Rechnungswesen und EDV, 15. Arbeitstagung, Saarbrücken 1994, S. 497-520.
[10] Kirchmer, M.: Markt- und produktgerechte Definition von Geschäftsprozessen. In: Mangement & Computer 3 (1995) 4, S. 267 - 273.
[11] Kirchmer, M.: Geschäftsprozeßorientierte Einführung von Standardsoftware: Vorgehen zur Realisierung strategischer Ziele. Wiesbaden 1996.
[12] Page-Jones, M.: Praktisches DV-Projektmanagement. München, Wien 1991.
[13] Porter, M. E.: Wettbewerbsstrategie: Methode zur Analyse von Branchen und Konkurrenten. 6. Auflage, Frankfurt, New York 1990, S. 62.
[14] Rockart, J. F.: Current uses of the critical success factors process. In: Proceedings of the fourteenth annual conference of the Society for Information Management. o.O. 1982, S. 17.
[15] Rosemann, M.; Rotthowe, T.; Schütte, R.: Modellbasierte Organisations- und Informationssystemgestaltung unter Verwendung der R/3-Referenzmodelle. In: P. Wenzel (Hrsg.): Geschäftsprozeßoptimierung mit SAP R/3. Braunschweig, Wiesbaden 1995, S. 15-42.
[16] SAP AG (Hrsg.): Customizing Vorgehensmodell R/3. Walldorf, Juli 1993.
[17] SAP America, Inc. (Hrsg.): R/3 System Business Engineer. 1997.
[18] Scheer, A.-W.: Architektur integrierter Informationssysteme - Grundlage der Unternehmensmodellierung. Berlin u.a. 1990.
[19] Scheer, A.-W.: ARIS - Architektur integrierter Informationssysteme. In: A.-W. Scheer (Hrsg.): Handbuch Informationsmanagement: Aufgaben - Konzepte - Praxislösungen. Wiesbaden 1993, S. 81-112.
[20] Scheer, A.-W.: ARIS - House of Business Engineering, S. 6-11. In: IDS Prof. Scheer GmbH(Hrsg.): Scheer Magazin Special. Saarbrücken 1996.

[21] Schilling, S.: Integration von Fremdprodukten in R/3 - Vorteile der funktionalen Kopplung. In: P. Wenzel (Hrsg.): Geschäftsprozeßptimierung mit SAP R/3. Braunschweig, Wiesbaden 1995, 176-192.

[22] Scholz, K.: Ansätze für ein Controlling zur Sicherung einer erfolgreichen Standardsoftwareeinführung. Frankfurt u.a. 1995.

[23] Spang, S.: Informationsmodellierung im Investitionsgütermarketing. Wiesbaden 1993, S. 103 - 105.

[24] Wenzel, P. (Hrsg): Betriebswirtschatliche Anwendungen des integrierten Systems SAP R/3. Braunschweig, Wiesbaden 1995, S. 31-89.

[25] The Yankee Group (Hrsg.): IDS Prof. Scheer, Inc. starts to build mind share. In: The Yankee Group (Hrsg.): Yankee Research Notes. Boston February 4, 1997.

[26] Wildemann, H.: Einführungsstrategien für die computerintegrierte Produktion (CIM). München 1990, S. 198-201.

Einführung des SAP R/3-Systems in einem Finanzdienstleistungsunternehmen

Von Frederik Linthout, Wolfgang Lühdorff und Mathias Schäfer

Inhaltsübersicht

1 Einleitung
2 Konzeption eines integrierten Rechnungswesens
   2.1 Leistungserstellung von Bank- und Leasinggesellschaften
   2.2 Das Rechnungswesen als Grundlage der Unternehmenssteuerung
      2.2.1 Gesetzliche Aufgabenbereiche
      2.2.2 Betriebswirtschaftliche Anforderungen
      2.2.3 Integration im Einkreissystem
   2.3 Anforderungskatalog an ein DV - System zur praktischen Umsetzung
      2.3.1 Integration
      2.3.2 Flexibilität
      2.3.3 Benutzerfreundlichkeit
      2.3.4 Geschwindigkeit
      2.3.5 Wirtschaftlichkeit
3 Systemeinführung
   3.1 Ausgangssituation
   3.2 Systementscheidung
   3.3 Einführungsprozeß
      3.3.1 Vorgehensmodell
      3.3.2 Projektorganisation
   3.4 Funktionsumfang
      3.4.1 Finanzbuchhaltung
      3.4.2 Anlagenbuchhaltung
      3.4.3 Treasury
      3.4.4 Controlling
      3.4.5 Schnittstellen
      3.4.6 Erfahrungen aus der Einführung
4 Systemerweiterungen
   4.1 IAS-Accounting im Special Ledger
   4.2 Online-Anbindung des SAP R/3-Systems an die neue Standardsoftware in der Vertragsverwaltung
5 Schlußbetrachtung

1 Einleitung

Die Gruppe Hanseatische Investitions-Bank / Hanseatische Leasing (HIB/HL) agiert als Finanzdienstleister im deutschen Markt und hat ihre Angebotspalette auf Firmenkunden ausgerichtet, die individuelle Konzepte zur Finanzierung suchen. Dazu gehören neben dem Mobilien-Leasing Spezialfinanzierungen für Industrie, Handel und Dienstleistung. In jüngster Zeit wurde das Angebot um die Geschäftsfelder der Kommunalmietfinanzierung und des Kommunalleasings erweitert, um neue Marktpotentiale zu realisieren. Zudem wendet sich die Gruppe in Form von Mobilien-Leasing-Fonds privaten Investoren zu, denen steuerlich optimierte Anlagemöglichkeiten offeriert werden. Zur erfolgreichen Umsetzung des Leistungsangebotes existieren neben der Hamburger Zentrale in den wirtschaftlichen Zentren der alten und neuen Bundesländer Geschäftsstellen, wodurch die für Akquisition und Betreuung erforderliche Kundennähe gewährleistet ist.

Aufgrund der Integration in die Vereinsbank-Gruppe profitiert die HIB/HL von der Finanzkraft des Konzerns und den Synergieeffekten im Vertrieb ihrer Angebotspalette, ohne jedoch in der Geschäftspolitik die Eigenständigkeit zu verlieren. Somit konnte in den vergangenen Jahren aufgrund der konsequenten Ausrichtung auf die Erfordernisse des Marktes eine stetige Ausweitung des Neugeschäftes auf einen Wert von 833 Mio. DM im Geschäftsjahr 1996 erreicht werden. Zu dieser Entwicklung entgegen den konjunkturellen Tendenzen in Deutschland hat ganz wesentlich die Umstrukturierung des Rechnungswesens beigetragen, indem unter Beachtung der Ansprüche eines Finanzdienstleisters ein spezifisches Steuerungsinstrumentarium implementiert wurde, welches das Ziel der Unternehmenswert- und Ertragsoptimierung vor die reine Volumensbetrachtung stellt und operationalisiert.

Die C&L Unternehmensberatung (C&L) ist, als Mitglied von Coopers & Lybrand International, Global Partner der SAP AG und unterstützt SAP-Anwender aus allen Branchen bei der System-Einführung und Ausgestaltung der Geschäftsprozesse auf Basis von SAP R/3.

Die C&L hat einen besonderen Schwerpunkt in der Unternehmensberatung im Bereich der Finanzdienstleistungen und entwickelte gemeinsam mit der SAP AG die Branchenlösung (IS-Bank) für Kreditinstitute auf Basis von SAP R/3.

Nach einer grundlegenden Erläuterung zum Leistungserstellungsprozeß eines Finanzdienstleistungsunternehmens werden die gesetzlichen Vorschriften zur Rechnungslegung hinsichtlich deren Steuerungsfunktion analysiert. Es schließt sich die Betrachtung der Erfordernisse an das Rechnungswesen einer Leasinggesellschaft und deren Anwendung bei der HIB/HL an. Anhand der dargelegten Sachverhalte erfolgt die Erstellung eines Anforderungskataloges an die Datenverarbeitung und dessen Abbildung im SAP R/3-System.

2 Konzeption eines integrierten Rechnungswesens

2.1 Leistungserstellung von Bank- und Leasinggesellschaften

Für die Bankkalkulation wird von einem Dualismus der Bankleistungen ausgegangen, d.h. es erfolgt eine Trennung in den Wertbereich mit Zinskosten und -erlösen und den Betriebsbereich mit Betriebskosten und –erlösen [4]. Letzterer wird auch als technisch organisatorischer Bereich bezeichnet, da in ihm die Kombination der elementaren und dispositiven Produktionsfaktoren des Unternehmens erfolgt. Im Wertbereich hingegen entsteht die Leistung aus den Erfolgsbeiträgen des Aktiv-/bzw. Passivgeschäftes der Bank.

Kostenarten	Erlösarten
1. Betriebskosten	**1. Betriebserlöse**
Personalkosten	Umsatz- und Kontoführungsgebühr
Gehälter und Löhne	Postengebühr
Gesetzliche soziale Abgaben	Auslagenerstattung
Freiwillige soziale Leistungen	Dauerauftrags- und Überweisungsgebühren
Kalkulatorischer Unternehmerlohn	Akkreditivprovisionen
Sachkosten	Inkassoprovisionen
Geschäftsbetriebskosten	Erlöse aus dem Auslandsgeschäft
Raumkosten	Erlöse aus Effektenkommissionsgeschäft
Abschreibungen und Wertberichtigung auf Sachanlagen	Erlöse aus Depot- und Verwaltungsgeschäft
	Erlöse aus Treuhandgeschäft
2. Wertkosten	**2. Werterlöse**
Zinsen	Zinsen
Kontokorrenteinlagen	Debitorenzinsen
Termineinlagen	Diskontzinsen
Spareinlagen	Zinsen aus langfristigen Ausleihungen
Refinanzierungsmittel	Zinsen aus Geld- und Kapitaleinlage
	(einschl. Ausgleichs- / Deckungsforderungen)
	kalkulatorische Zinsen
	Kredit- und Überziehungsprovisionen
	Diskontprovisionen
	Akzeptprovisionen
Risikokosten	Ordentliche Kursgewinne
des Kreditgeschäfts	Devisenkursgewinne
des Auslandsgeschäfts	Effektenkursgewinne
des Effektengeschäfts	

Abbildung 1: Kosten- und Erlösarten im Bankbereich [7]

Für Leasinggesellschaften ist die Tätigkeit des Wertbereiches als Transformation von Geldkrediten in Sachkredite mittels Sachinvestition zu konkretisieren. Der Betriebsbereich kann als eigenständiger Leistungsbereich in Erscheinung treten oder als Hilfsbereich des Wertbereiches, wie dies bei der HIB/HL der Fall ist. Durch Bereitstellung der organisatorischen Rahmenbedingungen in sachlicher und personeller Hinsicht ermöglicht der Betriebsbereich die Leistungserstellung im Wertbereich; dieser Zusammenhang muß in der Einzelgeschäftskalkulation Berücksichtigung finden, um das Zusammenwirken der beiden Bereiche zur Erstellung einer marktfähigen Leistung verursachungsgerecht abzubilden.

2.2 Das Rechnungswesen als Grundlage der Unternehmenssteuerung

2.2.1 Gesetzliche Aufgabenbereiche

2.2.1.1 Handels- und steuerrechtlicher Jahresabschluß

Der gesetzliche Jahresabschluß (da die Differenzierung zwischen Steuer- und Handelsrecht aus Steuerungssicht nicht relevant ist, wird im folgenden von einer Einheitsbilanz ausgegangen, was auch auf den Jahresabschluß der HIB/HL zutrifft) dient als Informationsgrundlage für die Koalitionsteilnehmer des Unternehmens. Darunter können fallen

- die Arbeitnehmer, die Informationen bezüglich der Sicherheit ihres Arbeitsplatzes benötigen,

- Gläubiger, für die die Kreditwürdigkeit entscheidend ist,

- die Geschäftsleitung zur Dokumentation ihrer Tätigkeit,

- Anteilseigner, denen der Jahresabschluß als Grundlage ihres Ausschüttungsanspruches dient,

- der Fiskus, der anhand des Jahresabschlusses die Bemessungsgrundlagen für die Ertrags- und Substanzsteuern ermittelt.

Bereits aus dieser Aufstellung wird deutlich, daß der gesetzliche Jahresabschluß nicht den Erfordernissen der Unternehmenssteuerung dienen kann, da zu vielen Interessengruppen Rechnung getragen werden muß. Das im Handelsrecht zugrunde gelegte Vorsichtsprinzip, das Postulat der Nachvollziehbarkeit für Dritte und die Verkettung handelsrechtlicher und steuerrechtlicher Vorschriften durch die Maßgeblichkeitsprinzipien verhindern eine betriebswirtschaftlich sinnvolle Bilanzierung. Dies gilt in besonderem Maße für die Abbildung des Unternehmenswertes und der Ertragslage von Leasinggesellschaften. Aufgrund der handelsrechtlichen Periodisierung der Erfolgsbestandteile eines Leasingvertrages ergibt sich eine Verzerrung der Erfolgssituation: Bei Abschluß eines Vertrages entstehen durch die steuerlich optimale degressive Abschreibung des Vermietvermögens in Verbindung mit degressiven Refinanzierungszinsen bilanzielle Anlaufverluste, die erst in späteren Jahren zum Ende des Vertrages hin zu bilanziellen

Auslaufgewinnen führen. Somit steht der tatsächlichen Erfolgssituation ein spiegelbildlicher Erfolgsausweis im Jahresabschluß gegenüber.

2.2.1.2 Bundesaufsichtsamt für das Kreditwesen

In der Begründung zum Entwurf des Kreditwesengesetzes hebt der Gesetzgeber als bankaufsichtsrechtliche Ziele den Gläubigerschutz und die Wahrung der Funktionsfähigkeit des Kreditwesens hervor. Dieser Ansatz ist vor dem Hintergrund der zentralen Bedeutung des Kreditgewerbes für die Volkswirtschaft zu sehen, da alle wesentlichen Zweige der Wirtschaft auf das Kreditgewerbe als Kreditgeber und Geldsammelstelle angewiesen sind. Demzufolge wird das Bundesaufsichtsamt für das Kreditwesen auf Grundlage der §§ 10, 10a und 11 KWG ermächtigt, im Einvernehmen mit der Deutschen Bundesbank Grundsätze aufzustellen, mit deren Hilfe die Einhaltung der entsprechenden gesetzlichen Regelungen überprüft werden kann. Zentrales Element dieser Regelungen ist das haftende Eigenkapital des Kreditgewerbes, welches bindende Wirkung für das Volumen der Risikoaktiva besitzt. Zudem beziehen sich die Grundsätze auf die Liquiditätssituation, indem auf die Einhaltung der Fristenkongruenzen von Aktiv- und Passivpositionen Bezug genommen wird, um eine ausreichende Zahlungsbereitschaft jederzeit zu gewährleisten.

Für die betroffenen Unternehmen folgt aus den Auflagen des Bundesaufsichtsamtes, daß das haftende Eigenkapital, welches sich neben weiteren in den §§ 10 und 10a genannten Positionen zum Großteil aus dem Grund- bzw. Stammkapital und den Rücklagen zusammensetzt, einen Engpaßfaktor hinsichtlich der Disposition des Aktivgeschäftes darstellt. Die Unternehmensleitung hat unter der Zielsetzung, eine aktive Geschäftspolitik betreiben zu können, die Maximierung des (haftenden) Eigenkapitals anzustreben, woraus sich die Attraktivität des Unternehmens auf dem Kapitalmarkt für potentielle Anleger als primäres Ziel der Unternehmenspolitik ableiten läßt.

2.2.1.3 International Accounting Standards

Vorrangiges Ziel der Rechnungslegung nach den International Accounting Standards (IAS) ist die Darstellung der Vermögens- und Finanzlage im Hinblick auf die wirtschaftliche Leistungsfähigkeit des Unternehmens. Als Ziel des Jahresabschlusses gilt die Schaffung einer Grundlage für wirtschaftliche Entscheidungen, insbesondere für gegenwärtige und potentielle Anleger [3]. Im Unterschied zur deutschen Gesetzgebung wird dazu das auf dem Gläubigerschutz basierende Vorsichtsprinzip abgelöst durch die Generalnorm des true and fair view, was auch der Verzicht auf die Verknüpfung mit steuerrechtlichen Vorschriften verdeutlicht.

Für die Bilanzierung von Leasingverträgen ergeben sich im Vergleich zum deutschen Recht in erster Linie Unterschiede bei der Zuordnung des Leasinggegenstandes. Im Falle des Finance leases, welches hier aufgrund des Investitionscharakters betrachtet wird, erfolgt die Bilanzierung beim Leasingnehmer, sofern dies der wirtschaftlichen Substanz des Vertrages entspricht. Es erfolgt also nicht die Orientierung an der Vertragslaufzeit im Verhältnis zur betriebsgewöhnlichen Nutzungsdauer des Steuerrechts, die bei entsprechender Vertragsgestaltung zur Bilanzierung beim Leasinggeber führt. Als Folge ist in den meisten Fällen von einer Bilanzierung beim Leasingnehmer auszugehen, was zur Bildung entsprechender aktiver und passiver Rechnungsabgrenzungsposten in Höhe des Barwertes der vertraglich vereinbarten Zahlungen in der Bilanz des Leasinggebers führt. Dieses Vorgehen erfolgt im deutschen Recht nur im Fall der Forfaitierung der Leasingforderungen an die refinanzierende Bank. Damit wird ein gegenüber dem deutschen Recht verbessertes Bild der wirtschaftlichen Lage erreicht, da aus den Abgrenzungsposten die tatsächliche Substanz der Leasinggesellschaft hervorgeht.

2.2.2 Betriebswirtschaftliche Anforderungen

2.2.2.1 Unternehmensplanung und Ausschüttungspolitik

Aus der Sicht der Anteilseigner determiniert sich die Rendite ihrer Investition in das Unternehmen in den zu erwartenden Vergütungen für das bereitgestellte Kapital und dem Wert ihrer Anteile. Dieser unter dem Begriff des Shareholder-Value-Ansatzes in die Betriebswirtschaftslehre eingegangener Grundsatz stellt die Interessen der Anteilseigner in den Vordergrund des unternehmerischen Handelns und verwendet als Meßgröße nicht die Daten des externen Rechnungswesens, sondern auf die dem Anteilseigner zufließenden liquiden Mittel als Grundlage der Anteilsbewertung.

Durch Anwendung der Maxime, die Investition der Anteilseigner gegenüber einer Alternativinvestition auf dem Kapitalmarkt vorteilhaft zu gestalten, bleibt dem Unternehmen aufgrund der Projektion des unternehmerischen Handelns auf die Interessen der Eigenkapitalgeber die notwendige Kapitalbasis erhalten: "Gelingt es einem Unternehmen nicht, die finanziellen Ansprüche seiner Anspruchsgruppen zu befriedigen, so wird es aufhören, eine lebensfähige Organisation zu sein."[6]

Für das Rechnungswesen ergibt sich aus diesem Ansatz, daß es Entscheidungsgrundlagen für eine Unternehmensplanung liefern muß, die zum einen den Unternehmenswert maximiert und zum anderen die Ausschüttungspolitik in der Art optimiert, daß die Anteilseigner mit dem Ertrag ihrer Investition zufrieden gestellt sind. Abzustellen ist dabei insbesondere auf die Nachhaltigkeit des Erfolges, da die zu erwartende zukünftige Entwicklung des Unternehmens als wichtigster Einflußfaktor auf den Marktwert und damit auf die Rendite der Anteile gilt [9]. Daraus folgt die Notwendigkeit, die gegenwärtige und zukünftige wirtschaftliche Situation des Unternehmens transparent darstellen zu können. In Abkehr der bilanzrechtlichen Ansatz- und Bewertungsvorschriften sind daher folgende Elemente im Rechnungswesen zu implementieren:

1. Eine risikoorientierte Unternehmensbewertung, die sich im Betriebs- und Wertbereich an den zukünftigen Cash-Flows orientiert,

2. eine Prozeßkostenrechnung, die dem Gemeinkostencharakter der im Betriebsbereich eines Finanzdienstleisters vorhandenen Potentiale gerecht wird und

3. die verursachungsgerechte Ergebnisanalyse im Wertbereich, um die Erfolgsquellen des Unternehmens darzustellen.

2.2.2.2 Unternehmensbewertung

In der Unternehmensbewertung wird üblicherweise in die Begriffe des Substanz- und Ertragswertes differenziert. Der Substanzwert gibt den Wert des vorhandenen Vermögens wider, der aus der Bilanz unter Berücksichtigung der Auflösung von stillen Reserven und Lasten sowie der Bewertung zu Wiederbeschaffungskosten im Sinne eines Reproduktionswertes des Unternehmens gewonnen wird. Dahingegen stellt der Ertragswert auf den Barwert der zu erwartenden Einzahlungsüberschüsse des Unternehmens ab und bezieht damit das investitionstheoretische Kalkül eines Anlegers ein, weshalb sich diese Betrachtung bei der Unternehmensbewertung in Theorie und Praxis durchgesetzt hat.[2]

Für den Wertbereich von Leasinggesellschaften erübrigt sich diese Differenzierung, da sich der Unternehmenswert aus dem Vermögen in Form des vorhandenen Vertragsbestandes in Gegenüberstellung der Refinanzierungsmittel ergibt, wodurch die zukünftigen Ein- und Auszahlungen determiniert sind. Daraus ist zu folgern, daß zur Bestimmung des Unternehmenswertes der Leasinggesellschaft eine Diskontierung der mit den vorhandenen Beständen des Aktiv- und Passivgeschäftes verbundenen Zahlungsströmen notwendig ist. Als zusätzlicher Faktor des Wertbereiches sind die Zahlungen zu berücksichtigen, die sich nach Ablauf der Grundmietzeit durch Vertragsverlängerungen oder Verkauf des Vermietvermögens ergeben. Ferner müssen die geplanten Zahlungen im Betriebsbereich in die Betrachtung eingehen, um den Unternehmenswert der Leasinggesellschaft zu bestimmen. Darunter fallen in erster Linie Personalvergütungen, die Beschaffung und Unterhaltung von Büro- und Geschäftsausstattung und die Entgelte für die Büroräume.

Bei der Hanseatischen Leasing wird der Wertbereich im Rahmen der Ermittlung der Zinsrisikoposition quantifiziert. Die Zinsrisikoposition mißt die Auswirkung einer Marktzinsänderung durch die Diskontierung der jährlich anfallenden Einzahlungen auf die aktivischen und der Auszahlungen auf die passivischen Festzinspositionen für den jeweiligen Betrachtungszeitpunkt und erlaubt somit die Bestimmung der Zinselastizität für die Gewinnsituation des Unternehmens, indem eine sich ergebende bilanzielle Inkongruenz barwertig ermittelt und deren Veränderung in Abhängigkeit von Marktzinsänderungen bestimmt wird. Die Betrachtung der Cash-Flows im Wertbereich ermöglicht die Bewertung der vorhandenen Substanz an Aktiv- und Passivpositionen. Zu ergänzen ist dieses Vorgehen im Wertbereich um die Aspekte des Nachgeschäftes sowie einer auf der Kostenplanung des Betriebsbereiches basierenden Liquiditätsplanung für die Verwaltungstätigkeiten, um den gesamten Cash-Flow des Unternehmens zu erhalten.

2.2.2.3 Kostenanalyse im Betriebsbereich

Die Kostensituation im Betriebsbereich eines Finanzdienstleisters ist gekennzeichnet durch den Gemeinkostencharakter der anfallenden Personal- und Sachkosten. Zur Steuerung und Abbildung dieser Kostenstruktur ist zum einen der Aufbau einer differenzierten Kostenstellenrechnung vorzunehmen, um eine kostenstellenorientierte Kostenplanung, Ist-Kostenerfassung und Erstellung von Soll-Ist-Abweichungen als Grundlage von Wirtschaftlichkeitskontrollen in den Kostenverantwortlichkeitsbereichen zu ermöglichen. Zum anderen ist eine auf der Kostenstellenrechnung aufbauende Prozeßkostenrechnung erforderlich, mittels derer die Kosten zur Leistungserstellung in der Verwaltung Transparenz erhalten. Die zu analysierenden Prozesse ergeben sich aus der Geschäftstätigkeit des Unternehmens, d.h. sie müssen sich an den zu bearbeitenden Vertragsarten und den damit zusammenhängenden Aktivitäten ausrichten. Auf dieser Grundlage ergeben sich Standard-Kosten für die Verwaltungsprozesse, die in der Kalkulation eine verursachungsgerechte Berücksichtigung der Gemeinkosten erlauben.

Bei der HIB/HL wurde der Aufbau einer Kostenstellenrechnung vorgenommen, deren Organisation sich in die Bereiche der allgemeinen Verwaltung, der Vertragsbearbeitung sowie der Vertriebsstellen untergliedert. Die dezentral durchgeführte Kostenstellenplanung fördert das Kostenbewußtsein aller beteiligten Mitarbeiter und schafft die Möglichkeit einer Abweichungsanalyse in den jeweiligen Verantwortlichkeitsbereichen. Darauf aufbauend erfolgt die Entwicklung einer Prozeßkostenrechnung, um die z.Zt. vorhandenen Standard-Kosten der Vertragsbearbeitung dynamisch den Entwicklungen im organisatorischen Aufbau der Gesellschaft und der Kostensituation anpassen zu können. Die Standard-Kostensätze bilden einen Bestandteil der Vertriebssteuerung, da sie in die zur Vertragskalkulation verwendete Deckungsbeitragsrechnung einfließen.

2.2.2.4 Erfolgsanalyse im Wertbereich

Wie aus den obigen Ausführungen zum handels- bzw. steuerrechtlichen Jahresabschluß deutlich wurde, genügt der bilanzielle Ergebnisausweis nicht den Anforderungen der Unternehmenssteuerung. Durch die Überführung der Marktzinsmethode auf die Gegebenheiten einer Leasinggesellschaft ist es jedoch möglich, das handelsrechtliche Ergebnis unter steuerungsrelevanten Gesichtspunkten zu trennen. Dabei wird der Gedanke einer Zuordnung von Aktiva und Passiva für die Erfolgsermittlung aufgegeben und dafür der Erfolg aus dem Aktivgeschäft der Leasinggesellschaft mittels der Gegenüberstellung des Zinsanteils der Leasingrate und dem laufzeitgewichteten opportunen (fiktiven) Refinanzierungszins ermittelt.

Durch Anwendung der Marktzinsmethode erhält der Vertriebsbereich ein ergebnisorientiertes Instrument zur Steuerung des Neugeschäftes in Form einer Deckungsbeitragsrechnung, die den Erfolg des einzelnen Leasingvertrages mittels der barwertigen Betrachtung der mit ihm verbundenen Zinserlöse und kalkulatorischen (Einzel-) Zinskosten bei Vertragsabschluß mißt [5]. Davon losgelöst erfolgt die Erfolgsquellenanalyse des Passivgeschäftes durch den Abgleich der opportunen Marktzinskosten mit dem tatsächlich anfallenden Zinskosten aus der Refinanzierung des Aktivgeschäftes. Somit kann die Leasinggesellschaft in die Profit-Center des Vertriebs mit dem aus dem Aktivgeschäft resultierenden Konditionenergebnis und des Treasury mit dem aus dem Passivgeschäft resultierenden Strukturergebnis unterteilt und eine verursachungsgerechte Erfolgsanalyse erreicht werden. Bei der HL erfolgt eine Ergänzung dieser Betrachtung um weitere Ergebnisbestandteile, um die Ergebnisse in einem Einkreissystem abzubilden und zum handelsrechtlichen Jahresergebnis zusammenzuführen.

2.2.2.5 Periodengerechter Erfolgsausweis

Im Gegensatz zum handelsrechtlichen Vorsichtsprinzip, welches die Erfolgswirksamkeit eines Geschäftsvorfalles erst zum Zeitpunkt der Realisation basierend auf dem pagatorischen Vorgang zuläßt, entsteht der Erfolg eines Neugeschäftes einer Leasinggesellschaft aus betriebswirtschaftlicher Sicht im Moment des Vertragsabschlusses. Dieser läßt sich quantifizieren in Höhe des Barwertes aus der Differenz von Zinserlösen und kalkulatorischen Zinskosten, die mit dem Vertrag verbunden sind. Unter Beachtung eines Aufschlages für das Risiko des Forderungsausfalls ergibt sich der Erfolg des Aktivgeschäftes in der jeweiligen Periode als Deckungsbeitrag aus dem Neugeschäft, welcher als realisiert gilt und zur Beurteilung der Ertragslage des Unternehmens herangezogen wird, indem die Vetriebsleistung mittels des Marktwertes der aquirierten Verträge in Form der periodischen Konditionenbeiträge abgezinst auf den Verkaufszeitpunkt in die Erfolgsrechnung eingeht.[8]

Durch Gegenüberstellung der periodisierten Aufwendungen des Betriebsbereiches ist es somit möglich, einen aus Steuerungssicht korrekten Periodenerfolg des Unternehmens aus dem Neugeschäft zu gewinnen. Resultat dieser Betrachtung ist die Abbildung der tatsächlichen wirtschaftlichen Entwicklung der Gesellschaft mit der Möglichkeit, die Erfolgsquellen in zeitlicher und personeller Hinsicht verursachungsgerecht zu bestimmen.

2.2.3 Integration im Einkreissystem

Im folgenden wird die Integration der geschilderten gesetzlichen und betriebswirtschaftlichen Anforderungen an das Rechnungswesen einer Leasinggesellschaft im Einkreissystem dargelegt, welches bei der HL entwickelt und umgesetzt wurde [1].

Im Einkreissystem erfolgt eine buchhalterische Aggregation der Erfolgsbeiträge des einzelnen Leasingvertrages und eine Aufspaltung des periodischen Unternehmenserfolges nach Erfolgsquellen und dem Deckungsbeitragsprinzip. Dazu finden folgende Teilergebnisse Verwendung:

- Das Konditionenergebnis ergibt sich aus der periodisierten Differenz des Zinsanteils der Leasingrate und der zum opportunen Marktzins eines fiktiven Refinanzierungskredites bemessenen Zinskosten auf Basis der kalkulatorischen Bemessungsgrundlage, stellt also das Ergebnis aus Zinserlösen und Zinskosten des Leasingvertrages dar. Der kalkulatorische Refinanzierungszins wird dabei anhand der zum Vertragsabschluß gültigen Marktzinssätze ermittelt, indem eine Gewichtung der laufzeitkongruenten Zinsen mit dem jeweils noch nicht in Form der Raten zurückgeflossenen Kapital bzw. bei forfaitierten Verträgen mit dem noch nicht aufgelösten passiven Rechnungsabgrenzungsposten vorgenommen wird. Unter Berücksichtigung kundenindividueller Risikoaufschläge auf den kalkulatorischen Zinssatz entsteht der DB I, welcher zur Bewertung der Substanz des Leasingvertrages herangezogen wird; durch einen ergänzenden Abzug prozeßorientierter Verwaltungskosten entsprechend der Vertragsart wird der DB II ermittelt, der dem Vertrieb zur Steuerung und als Basis der Provisionsabrechnung dient.

- Das Strukturergebnis ist die monatlich periodisierte Differenz aus den mit dem opportunen Marktzins kalkulierten Zinskosten und dem tatsächlichen Zinsaufwand der Refinanzierungskredite, stellt also das Ergebnis der Dispositionen des Passivgeschäftes dar.

- Das Produktivitätsergebnis wird durch die Gegenüberstellung der auf Prozeßkostenbasis gewonnenen Standardkosten den Ist-Kosten des Betriebsbereiches ermittelt.

- Das Zinsergebnis ergibt sich aus der Gegenüberstellung des Zinsanteils der Leasingraten und dem tatsächlichen Zinsaufwand mittels der Aggregation von Konditionen- und Strukturergebnis. Damit wird die Ermittlung des periodisierten Zinsüberschusses der Leasinggesellschaft als wesentlicher Bestandteil des Betriebsergebnisses möglich.

- Das Risikoergebnis stellt die Differenz zwischen den monatlich periodisierten kalkulatorischen Risikokosten aus der Vorkalkulation der Verträge und dem tatsächlichen Risikoaufwand bei Forderungsausfall dar.

- Das Bewertungsergebnis setzt sich in der Sollposition aus den handels- (und steuer-) rechtlichen Abschreibungen, in der Habenposition aus dem mit Hilfe des internen Zinses der Leasingraten zu bestimmenden Tilgungsanteil der Leasingrate zusammen. Im Forfaitierungsfall besteht die Sollposition zusätzlich aus den opportunen Tilgungskosten, die sich aus dem Tilgungsanteil der Kreditzahlung des zum Marktzins aufgenommenen opportunen Refinanzierungskredites ergeben, in der Habenposition zusätzlich aus der handelsrechtlichen Auflösung des passiven Rechnungsabgrenzungspostens. Das Bewertungsergebnis stellt die stille Reserve aus den handelsrechtlichen Abschreibungen und dem Tilgungsanteil der Leasingraten dar, bei Forfaitierung zusätzlich noch die in aller Regel negative stille Reserve aus den opportunen Tilgungskosten und der handelsrechtlichen Auflösung des passiven Rechnungsabgrenzungspostens.

- Das Abschreibungsergebnis stellt die handelsrechtlichen den kalkulatorischen Abschreibungen gegenüber, die auf Basis der zum Zeitpunkt des Vertragsabschlusses prognostizierten Entwicklung des Verkehrswertes bestimmt werden. Aus dem Abschreibungsergebnis ergibt sich die Risikoposition der Leasinggesellschaft im Falle eines Ausfalls der Leasingraten.

Abbildung 2 zeigt eine Übersicht zur Ermittlung der Teilergebnisse und deren Aggregation zum externen Ergebnis.

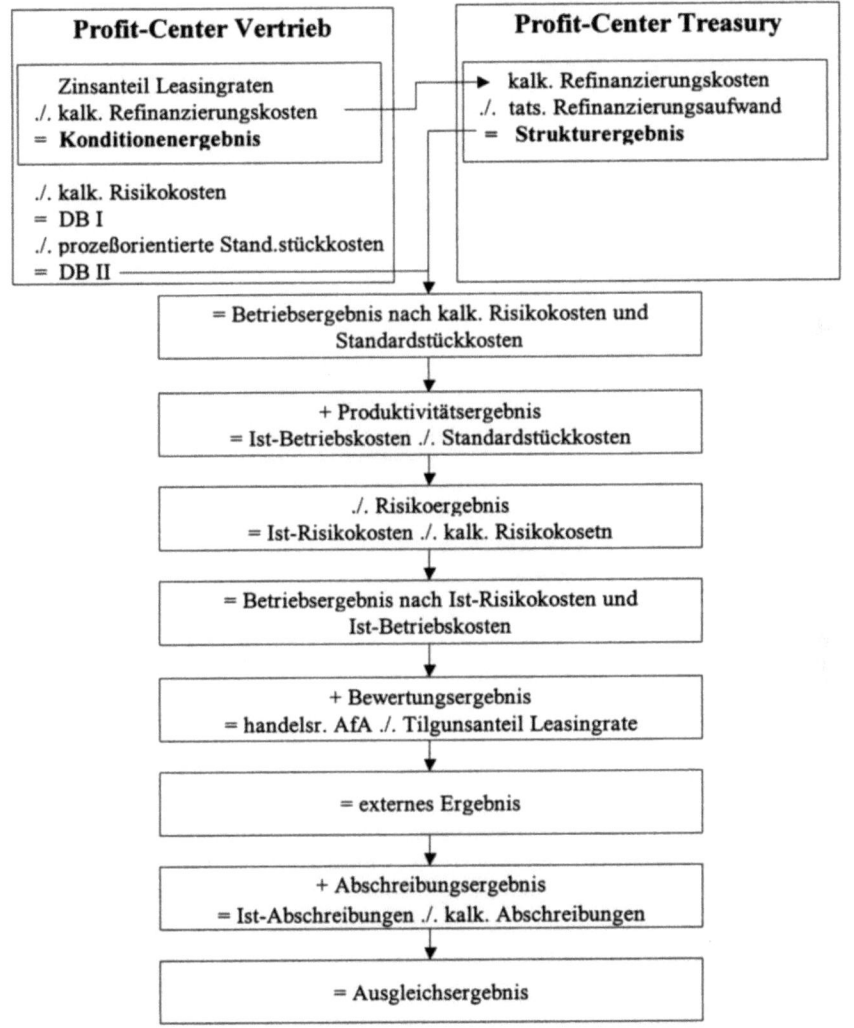

Abbildung 2: Teilergebnisse im buchhalterischen Einkreissystem

2.3 Anforderungskatalog an ein DV - System zur praktischen Umsetzung

2.3.1 Integration

Die Abbildung des Rechnungswesens im Einkreissystem benötigt Daten aus unterschiedlichen Bereichen und Funktionalitäten des Unternehmens:

- Finanzbuchhaltung mit den Nebenbüchern der Debitoren-, Kreditoren- und Anlagenbuchhaltung,
- Kostenrechnung,
- Vertragsverwaltung,
- Finanzmathematik und
- Personalwesen.

Vorrangiges Ziel muß es dabei sein, eine Heterogenität vieler unterschiedlicher Systeme mit den damit verbundenen technischen und manuellen Schnittstellen zu vermeiden. Aus dieser Forderung ergibt sich die Notwendigkeit einer Vereinheitlichung und Integration der Datenbasis.

Neben den Anforderungen des Einkreissystems sind weiterhin die Aspekte der Konzernrechnungslegung zu beachten. Ein DV-System muß in der Lage sein, die Grundlage für die Konsolidierungsmaßnahmen (Aufwands- und Ertragskonsolidierung, Kapitalkonsolidierung und Zwischenergebniseliminierung) zu liefern und somit auch die unternehmensexternen Schnittstellen zu unterstützen.

2.3.2 Flexibilität

Ein effektiv als Steuerungsinstrument einzusetzendes Rechnungswesen gebietet die flexible Adaption sowohl des betrieblichen Ablaufs als auch des Marktgeschehens. Insofern muß die Datenverarbeitung Flexibilität hinsichtlich der Implementierung von Kostenrechnungssystemen, der Einrichtung neuer Mandanten bei Gründung von Tochterunternehmen sowie allen mit dem Rechnungswesen zusammenhängenden Verarbeitungsprozessen gewährleisten. Dazu gehören die Abwicklung des Zahlungsverkehrs, die Verarbeitung des Buchungsstoffes in Finanzbuchhaltung und Kostenrechnung sowie die flexible Berichterstattung zur Erfüllung des individuellen Informationsbedarfs.

Weiterhin gilt das Gebot der Flexibilität auch im Hinblick auf extern vorgegebene Anforderungen: Ab dem 01.01.1999 beginnt planmäßig die dritte Phase der Euroumstellung und damit die Einführung des Euro-Buchgeldes. Besonders für Unternehmen des Kreditgewerbes hat dies umfangreiche Umstellungsmaßnahmen zur Folge, und zwar für das

Einführung des SAP R/3-Systems in einem Finanzdienstleistungsunternehmen 89

Aktiv- wie auch das Passivgeschäft. Eine fristgerechte Umstellung ermöglicht das Angebot der Leistungen in Euro und kann dadurch einen Wettbewerbsvorteil bedeuten; der Interbankenverkehr soll nach Maßgabe der Deutschen Bundesbank ausschließlich in Euro abgewickelt werden. Für ein DV-System ergibt sich daraus die Notwendigkeit, während der Umstellungsphase mit beiden Währungen arbeiten zu können und nach Beendigung der Phase drei der Euroumstellung ab dem 01.07.2002 die Komplettabwicklung in Euro zu bewältigen, unter der Maßgabe eines minimalen Umstellungsaufwandes in zeitlicher und finanzieller Hinsicht.

2.3.3 Benutzerfreundlichkeit

Um eine Akzeptanz und Bedienungssicherheit des Systems bei allen beteiligten Mitarbeitern zu erreichen, ist die Anpassung der Systemoberfläche an bestehende Standards der Datenverarbeitung anzustreben. Unter Betonung einer visualisierten Bedienung ohne spezifische Codierungen sollte eine fehlerfreie Bedienung im Tagesgeschäft und eine schnelle Einarbeitung der Mitarbeiter erreicht werden.

Weiterhin gilt als Maßgabe, die Einstellungsmöglichkeiten zur Verarbeitung und Aufbereitung der Daten in der Art zu gestalten, daß konzeptionelle Änderungen so weit wie möglich von eigenen Kräften bewältigt werden können. Dies erspart den Einsatz externer Beratung und erlaubt somit kostengünstige und schnelle Umstellungsmaßnahmen.

2.3.4 Geschwindigkeit

Die Systemgeschwindigkeit ist aus zweierlei Sicht von Bedeutung. Zum einen muß der tägliche Buchungsstoff bereits bei der Eingabe einer Plausibilitätsprüfung unterzogen werden, damit technisch fehlerhafte Buchungen im Dialog-Verfahren für den Anwender sofort erkennbar und korrigierbar sind.

Zum anderen sind zeitnahe Auswertungen und Abschlußerstellungen für folgende Parteien von grundlegender Bedeutung:

- Die Geschäftsleitung benötigt aktuelle Daten zur Steuerung der Unternehmenspolitik,

- in den Profit-Centern und Verantwortlichkeitsbereichen des Unternehmens muß man schnell auf Veränderungen des Marktes und der Kostensituation reagieren können,

- gegenwärtige und potentielle Anteilseigner fordern eine offensive Publizitätspolitik mit entsprechend frühzeitiger Information, um die Rentabilität ihrer Anlage zu beurteilen.

2.3.5 Wirtschaftlichkeit

Der Aspekt der Wirtschaftlichkeit präferiert den Einsatz von Standard-Software, sofern die Möglichkeit besteht, die Einstellungen den Anforderungen des Rechnungswesens der HIB/HL anzupassen. Gegenüber eigenentwickelten Systemen bietet Standardsoftware folgende Vorteile:

- Erfahrungen und Kapazitäten für Einarbeitung und Weiterbildung von Mitarbeitern,
- Transfer von Know-how aus ähnlichen Einführungsprozessen,
- größere Fehlersicherheit,
- geringere Personengebundenheit bei der Programmierung und Einrichtung,
- geringerer Prüfungsaufwand bei externen Prüfungen.

3 Systemeinführung

3.1 Ausgangssituation

Die Ausgangssituation war geprägt von der zeitlich versetzten Gründung und Weiterentwicklung am Markt von HL als Leasinggesellschaft und der HIB als Kreditinstitut. Nur so ist es erklärlich, daß zum Projektstart im Jahre 1994 zwei weitgehend unabhängige Systeme abzulösen waren. Dabei ist grundsätzlich in den Systemteil der Einzelgeschäfts- oder Vertragsverwaltung sowie das Rechnungs- und Finanzwesen zu unterscheiden. Für das jeweilige System der HIB und HL waren unterschiedliche Integrationsstufen und Abhängigkeiten realisiert. Während bei HIB ein wesentlicher Teil der Vertragsinformationen wie der Zahlungsplan im Rechnungswesen personalintensiv manuell zu erfassen war, wurde dies bei HL bereits maschinell über eine Schnittstelle gewährleistet. Daraus resultierte der Mangel an einer einheitlichen und wohldefinierten Abgrenzung zwischen Vertragsverwaltung und Rechnungswesen. Zudem waren die finanzmathematischen Implikationen der Kalkulation der Einzelgeschäfte nicht kongruent abgebildet. Schließlich mündeten diese Informationen in höchst unterschiedliche Systeme der Rechnungslegung, die technisch isoliert auf zwei verschiedenen Kontenplänen aufbauten. Damit war eine systemgestützte Konsolidierung oder Informationsversorgung für Zwecke der Konzernkonsolidierung in der Vereinsbank-Gruppe nicht gegeben. Instrumente zur Erfolgs- und insbesondere Kostensteuerung standen nur als Rudimente und teils nicht integriert zur Verfügung.

Insofern war mit der Einführung eines neuen Systems für das Finanz- und Rechnungswesen zwingend folgende Anforderungen verknüpft:

- die Systeme der Vertragsverwaltung bei HIB und HL waren zu vereinheitlichen,
- die Schnittstelle zum Finanz- und Rechnungswesen war zu definieren,
- die Schnittstelle zum Finanz- und Rechnungswesen war zu standardisieren,
- das Rechnungswesensystem war technisch und inhaltlich zu vereinheitlichen.

3.2 Systementscheidung

Zur Bewältigung der spezifischen Problemstellung bei der HIB/HL in technischer und betriebswirtschaftlicher Hinsicht kristallisierte sich bereits zu Projektbeginn das SAP R/3-System als geeignetes Instrument heraus, um die gestellten Anforderungen umzusetzen. Mittels der umfangreichen Möglichkeiten des SAP R/3 zur Berücksichtigung individueller Rahmenbedingungen können die Synergieeffekte aus dem Einsatz eines Standardsoftwaresystems hinsichtlich des Know-hows in Programmierung und Beratung optimal genutzt werden. Als kompetenter Partner zur Systemeinrichtung wurde die **C&L Unternehmensberatung** mit der Durchführung einer Vorstudie beauftragt.

Ziel der Vorstudie war die Überprüfung, inwieweit das SAP R/3 neben den Aspekten der Unternehmenssteuerung das Tagesgeschäft im Leasing- und Bankenbereich unterstützen kann. Eine wesentliche Rahmenbedingung stellte dabei die Forderung dar, alle Funktionalitäten im Standard des R/3-Systems abbilden zu können, um die vollständige Releasefähig- und Wartungsfähigkeit des Systems zu erhalten.

Das Ergebnis der Vorstudie bestätigte die Annahme, die gestellten Anforderungen im Standard des SAP R/3 abdecken zu können; es wurde aber auch deutlich, daß neben den Systemeinstellungen (Customizing) Systemergänzungen vorzunehmen waren, um alle Anforderungen erfüllen zu können. Zudem mußten einige interne Geschäftsprozesse an die Gegebenheiten des SAP R/3-Systems angepaßt werden.

Als weitere Ergebnisse der Vorstudie lagen ein detailliertes Mengengerüst, erste Angebote der Hardwarehersteller und eine Planung für das Einführungsprojekt vor.

3.3 Einführungsprozeß

In Kenntnis der Ergebnisse aus der Vorstudie entschied man sich im Oktober 1994 für die Einführung der Komponenten

- Finanzbuchhaltung (FI)
- Anlagenbuchhaltung (AM)
- Controlling (CO)
- Treasury (TR)

3.3.1 Vorgehensmodell

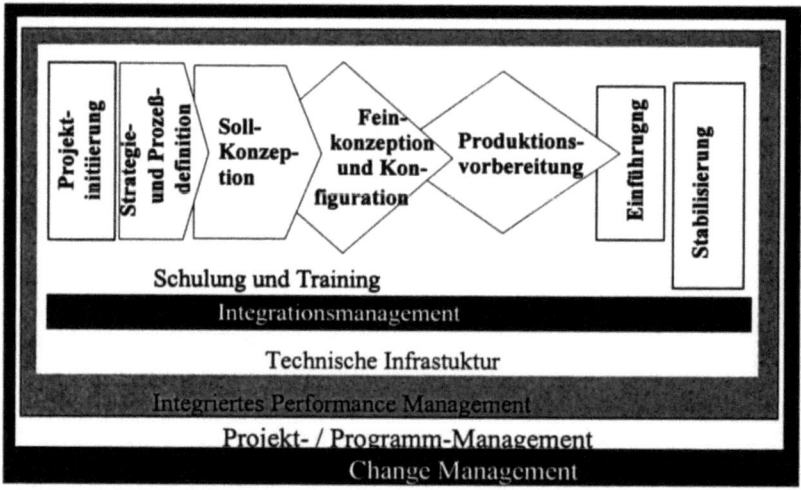

Abbildung 3: Vorgehensmodell Summit R/3 der C&L Unternehmensberatung

Für die Einführungsunterstützung kam das Vorgehensmodell Summit R/3 der C&L Unternehmensberatung zum Einsatz. Mit Hilfe dieses Vorgehensmodelles wurde das Projekt in überschaubare Phasen eingeteilt, wobei die Ergebnisse und Ergebnisdokumente am Ende jeder Phase als Meilensteine für den Projektablauf galten.

Für wesentliche Teile der Projektinitiierung, der Strategie und der Prozeßdefinition lagen bereits Ergebnisdokumente aus der Vorstudie vor. Das Implementierungsprojekt wurde mit der endgültigen Sollkonzeption gestartet, um dann den Modulen des Phasenmodells zu folgen.

Um die Handhabbarkeit des Projektes zu garantieren, wurde eine Einteilung in verschiedene Stufen vorgenommen:

- Stufe 1   produktiv seit 07/1995

    SAP R/3 Finanzbuchhaltung

    SAP R/3 Anlagenbuchhaltung

    SAP R/3 Treasury-Abwicklung

- Stufe 2 A   produktiv seit 01/1996

    SAP R/3 Controlling

- Stufe 2 B   produktiv seit 11/96

    Abbildung des Einkreissystems im SAP R/3

- weitere Stufen   geplant 1998

    Integration der gesamten Abwicklung im Leasing-Geschäft in einer gemeinsamen Client-/Server- Umgebung mit der neuen Standard-Software.

Die erste Stufe wurde unverzüglich gestartet und mit einer Laufzeit von nur 8 Monaten geplant.

Als wesentliche Ziele der Einführung wurden

- eine hohe Integration der einzuführenden Komponenten untereinander,
- die Integration Vertragsverwaltung in eine Client-/Server-Umgebung,
- die weitestgehende Automatisierung der Geschäftsvorfälle,
- die Reduzierung von zeitaufwendigen und fehleranfälligen Arbeiten und
- die Reduzierung von doppelter Datenhaltung und -pflege

definiert.

3.3.2 Projektorganisation

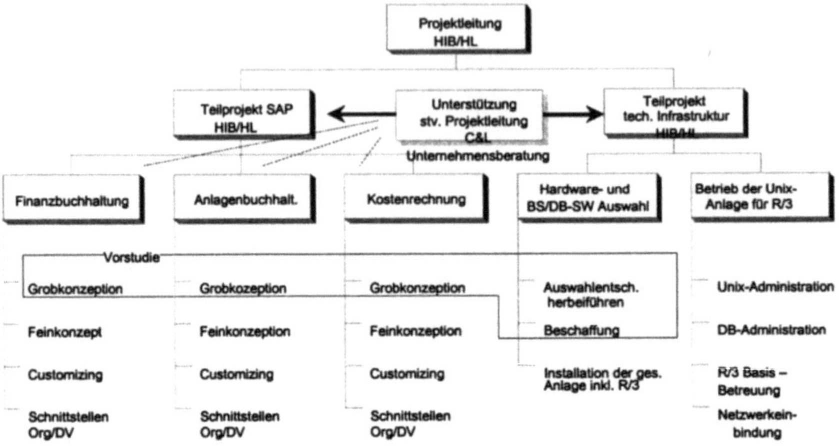

Abbildung 4: Projektstruktur im Einführungsprojekt

In der Initiierung des Projektes einigte man sich auf eine für SAP R/3-Projekte typische Projektorganisation. Danach werden wesentliche Teile der Projektarbeit von den Fachabteilungen beigesteuert. Die komplette Konzeption und die Einstellungen (Customizing) des SAP R/3-Systems liegen im Verantwortungsbereich der Fachabteilungen. Der technische Anteil der Projektarbeit wird von der DV-Abteilung verantwortet. Sie ist neben der Auswahl und dem Betrieb der notwendigen Hardware und Systemsoftware für die Konzeption und Realisierung der Schnittstellen verantwortlich. Alle weiteren Teilbereiche liegen voll im Verantwortungsbereich der späteren Anwender und sind auch während des laufenden Betriebes von ihnen zu betreuen.

3.4 Funktionsumfang

3.4.1 Finanzbuchhaltung

Im System wird jeweils ein Buchungskreis für die beiden Gesellschaften HIB/HL eingerichtet. In weiteren Mandanten der Installation sind die Leasing-Fonds abgebildet.

Im Rahmen des Projektes wurde zunächst ein einheitlicher Kontenplan für die HIB/HL definiert. Hauptziel war hierbei die Vereinheitlichung der Kontenrahmen, um die gemeinsame Abbildung des Bank- und Leasinggeschäftes zu gewährleisten. Dabei stand die Abstimmung mit dem Konzernkontenrahmen der Vereinsbank im Vordergrund. Als Ergebnis entstand ein auf die Belange der Konzernrechnungslegung ausgelegter Kontenplan, in dem Wert- und Betriebsbereich der HIB/HL abgebildet werden können.

Im weiteren enthält der Kontenplan einen Bereich, in dem die Buchungen und Ergebnisspaltungen des Einkreissystems realisiert werden. Über die normalen Berichte zur

Bilanzerstellung erfolgt die Ermittlung der Teilergebnisse des Einkreises. Damit gelang die differenzierte Abbildung der Erfolgssituation auf Ebene der Vermittler und des Einzelgeschäftes, wodurch eine effiziente Steuerung des Wertbereiches möglich wird. Die Daten werden integriert mit den Kostenbestandteilen des Betriebsbereiches zur Beurteilung der Aktivitäten in den Profit-Centern des Vertriebs und des Treasury herangezogen.

In den Nebenbüchern des Kontokorrentbereiches erfolgt die Abwicklung sämtlicher partnerbezogenen buchhalterischen Vorgänge.

Über die Abbildung im SAP R/3 sind Standardfunktionalitäten wie

- automatisiertes Zahlungswesen mit dem Ausdruck von Zahlungsträgern und maschineller Bankenabwicklung,

- maschinelles Führen eines Rechnungseingangsbuches,

- automatisiertes Mahnwesen mit Mahnungsdruck, Mahnstatusüberwachung und Zahlungseingangsüberwachung unter Beachtung von Zinsen und Mahngebühren und

- maschinelles Ausziffern von Belegen

ermöglicht worden.

Die Verträge des Kunden werden als Filialdebitoren zu der Zentrale geführt. Des weiteren werden sämtliche vertragsbezogenen Vorgänge zum einen der passiven Rechnungsabgrenzung (PRA), die sich aufgrund des beim Bruttobilanzansatzes der Forderungen abzugrenzenden Zinsanteils der Raten ergibt sowie zum anderen der Führung von Gesamtforderungen bei Mietkauf- und Finanzierungsgeschäften als sog. Sonderhauptbuch-Vorgänge (SHB-Vorgänge) zum Einzelgeschäft abgebildet.

Diese Technik bietet die Möglichkeit, nicht nur die PRA vertragsbezogen zu bilden und auch abzustimmen, sondern in einem Überblicksbild sämtliche zahlungsrelevanten Informationen auf Vertrags- und Kundenebene (Gesamtforderung, offene Posten und Rechnungsabgrenzungsbestand) zu erhalten.

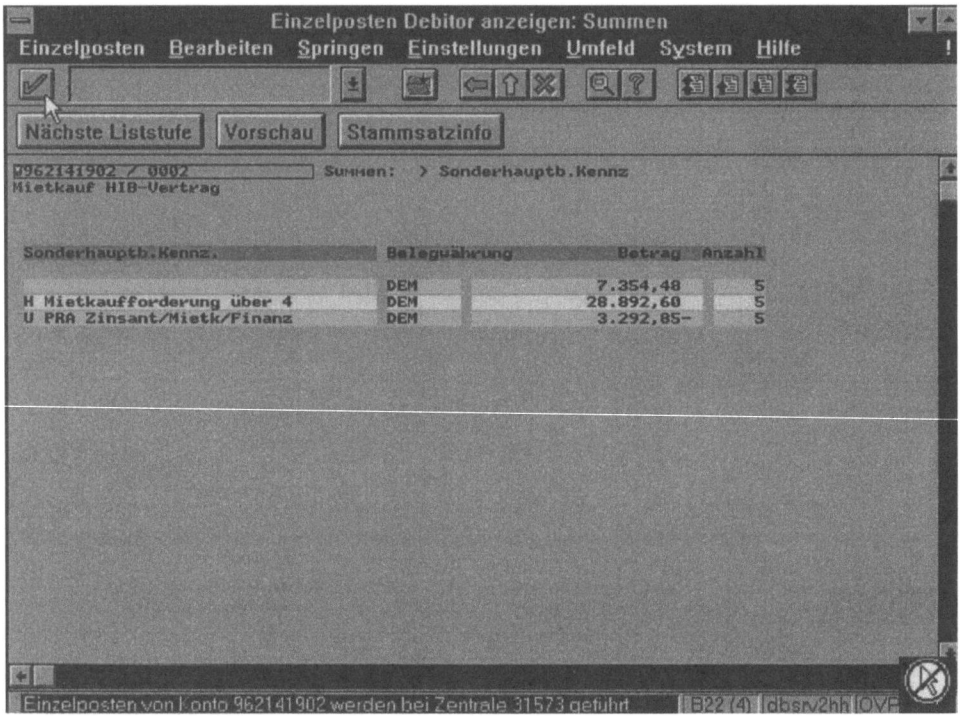

Abbildung 5: Überblick über die buchhalterischen Posten eines Vertrages

Für die normale Kreditorenbuchhaltung wird der standardisierte Leistungsumfang des Kreditorenkontokorrentes im SAP R/3-System genutzt.

Die HL refinanziert sich zum Teil über den Verkauf von Forderungen aus Leasingverträgen à forfait (Forfaitierung). Im Bereich der Verwaltung von Forfaitierungsbanken kommt analog zum debitorischen Bereich eine Zentral-/Filial-Lösung zur Anwendung. Eine Forfaitierungsbank wird als Zentrale abgebildet. Intern werden die einzelnen Forfaitierungskredite den Filialen zugeordnet. Daraus ergibt sich für die Kreditorenbuchhaltung folgendes:

- Der Forderungsverkauf wird unter Angabe der Vertragsnummer auf das (bekannte) Filialkonto gebucht,

- die Regulierung der fälligen Rate des Forfaitierungskredites erfolgt gegen die Abbuchung aus dem Kontoauszug über den zentralen Kreditor,

- das direkte Ausziffern erfolgt im nächsten Schritt mit Hilfe des Avises unter Angabe der Vertragsnummer auf Ebene der Belegposition. Bei Vorliegen des Avis in maschinenlesbarer Form besteht hier die Möglichkeit der maschinellen Ausziffung.

Weiterhin findet die Funktionalität der Saldenverzinsung im Kreditorenbereich zur Abbildung der Refinanzierungsverbindlichkeiten Anwendung. Hierbei wird ein aufgenommenes Tages- oder Festgeld als Verbindlichkeit gegenüber einem Kreditinstitut gebucht. Die Buchung des monatlichen Zinsaufwandes erfolgt im SAP R/3-System mittels eines Verzinsungslaufes. Die Regulierung der Zinsverbindlichkeit erfolgt aus dem Zahlwesen.

3.4.2 Anlagenbuchhaltung

Für den Bereich des eigengenutzten Anlagevermögen der HIB/HL wurde die automatisierte Anlagenbuchhaltung eingeführt. Als wesentliche Funktionalitäten sind hierbei zu nennen:

- Buchhaltungsunterstützung,
- Differenzierte Abschreibungsmöglichkeiten,
- Bereitstellung kostenrechnerischer Informationen,
- automatische Erstellung von Auswertungen (z.B.: Anlagengitter).

Den weitaus größten Teil der Anlagenbuchhaltung nimmt jedoch das Vermietvermögen der HL ein. Folgenden Aspekten wurde bei der Ausgestaltung Rechnung getragen:

- Differenzierte Klassenbildung in den Stammdaten,
- Bewältigung unterschiedlicher Abschreibungsmöglichkeiten,
- Ermöglichung spezifischer Abschreibungssimulationen für die Neuzugänge einer Rechnungsperiode entsprechend der Anlagenklassen,
- Darstellung des marktgerechten Wertverlaufs für Informations- und Auswertungszwecke, u.a. auch für die Substanzwertrechnung der Gesellschaft,
- weitergehende Informations- und Vorgangsverwaltung zu Anlagenvorgängen, insbesondere die Verwaltung von Investitionszulagen und Versicherungswerten zu den Objekten eines Vertrages,
- Bereitstellung kostenrechnerischer Informationen,
- automatisierte Erstellung von Auswertungen (z.B.: Anlagengitter).

Um den Erfassungsaufwand zu minimieren und Übertragungsfehler weitestgehend zu vermeiden, erfolgt die Datenerfassung einmalig. Die automatische Weiterleitung relevanter Daten ist hinterlegbar, um die Informationsversorgung aller relevanten Stellen zu gewährleisten. Dies betrifft neben der Kontierung von Vorgängen auch die Weiterleitung von Daten in die Kostenrechnung, das Zusammenführen der Anlagenwerte für das Vermietvermögen mit anderen Werten zur Substanzwertrechnung und die Verknüpfung der Vertragsdaten mit den Anlagestammdaten.

3.4.3 Treasury

Im Bereich des Treasury im SAP R/3 System erfolgte zunächst die Einrichtung des Datentransfers zur Bank und die elektronische Verarbeitung des Bankkontoauszuges. Dabei handelt es sich in erster Linie um die nachstehend aufgeführten Transaktionen:

- Maschineller Einzug der Sollstellung für fällige Leasing- und Finanzierungsraten und Abwicklung des Zahlungsverkehrs mit den Lieferanten der Leasing- und Finanzierungsobjekte unter Einhaltung der Skontofristen in Form von elektronischen Überweisungen,

- automatisiertes Einlesen und Buchen von über 70% aller Posten in der elektronischen Kontoauszugsverarbeitung. Dies betrifft insbesondere den Ausgleich von forfaitierten Leasingraten und die Verarbeitung von Rücklastschriften.

Aktuell werden ergänzend die Funktionalitäten der Finanzdisposition eingeführt und unterstützen dann die Disposition der Finanzmittel.

3.4.4 Controlling

Im Controlling der HIB/HL unterstützt das SAP R/3-System (CO-CCA) die Planung und Kontrolle der Kosten im Betriebsbereich (Personal- und Sachkosten). Die Buchung der Primärkosten nimmt das System anhand der Belege aus der Finanzbuchhaltung vor, für den Sekundärkostenbereich sind Verteilungszyklen eingerichtet, die eine verursachungsgerechte Belastung der Hauptkostenstellen mit den Werten der Hilfskostenstellen gewährleisten.

Seit 1995 ermöglicht eine dedizierte, dezentral durchgeführte Kostenstellenplanung die Kostenkontrolle im Betriebsbereich. Bereits im ersten Planungszyklus ergab sich aufgrund der Planungshilfen in Form von vorgegebenen Tabellenkalkulationsdateien eine sehr hohe Planungsgenauigkeit, wie der Vergleich mit den aufgelaufenen Ist-Kosten zeigte. Als durchaus beabsichtigter Nebeneffekt der Kostenplanung stellte sich bei den beteiligten Mitarbeitern in Vertrieb und Verwaltung ein deutlich gestiegenes Kostenbewußtsein ein.

Den Daten der Kostenstellenrechnung werden die Barwerte des im Vertrieb akquirierten Neugeschäfts gegenübergestellt. Daraus lassen sich periodengerechte Auswertungen bezüglich der Erfolgssituation des Unternehmens erstellen und die Aufwandsrentabilitäten durch die kumulierte Betrachtung des Deckungsgrades für den Betriebsaufwand ermitteln. Dazu erfolgt die Buchung der Werte aus dem Neugeschäft aus der DB-08 im Einkreissystem direkt auf die Kostenstellen der Vermittler. Ferner erfolgt die Ergebniskontrolle der Profit-Center des Vertriebs bzw. des Treasury mittels der periodisierten Überschußrechnung von Zinserlösen und kalkulatorischen Zinskosten respektive Zinskosten und tatsächlichem Zinsaufwand, wodurch ein wirkungsvolles Controlling des Wertbereichs unterstützt wird.

3.4.5 Schnittstellen

Im Rahmen der hohen Integrationsanforderungen an das Rechnungswesen gelten für das Gesamtsystem auch hohe Ansprüche an die Automatisierung und damit an das Schnittstellenmanagement. Im Bereich der operativen Buchhaltung und der Unterstützung des Einkreissystems erfolgen 95% aller Buchungen über diese maschinell realisierten Schnittstellen. Sämtliche Stammdaten zu Geschäftspartnern, Verträgen und zugehörigen Anlageobjekten werden von dem führenden System DB-08 (Eigenentwicklung der HIB/HL) über das im SAP R/3 standardisierte Batch-Input-Verfahren zur Verfügung gestellt.

Um in der Vertragsbearbeitung ständig über das aktuelle Zahlungsverhalten und den Mahnstatus des Vertrages informiert zu sein, werden die Daten vom SAP R/3-System zyklisch an die DB-08 zurückgemeldet.

Ein zusätzlicher, im Schaubild dargestellter Schnittstellenbereich ergibt sich an den Ein- und Ausgangsschnittstellen aus der Abwicklung des Zahlungsverkehrs mit den Hausbanken.

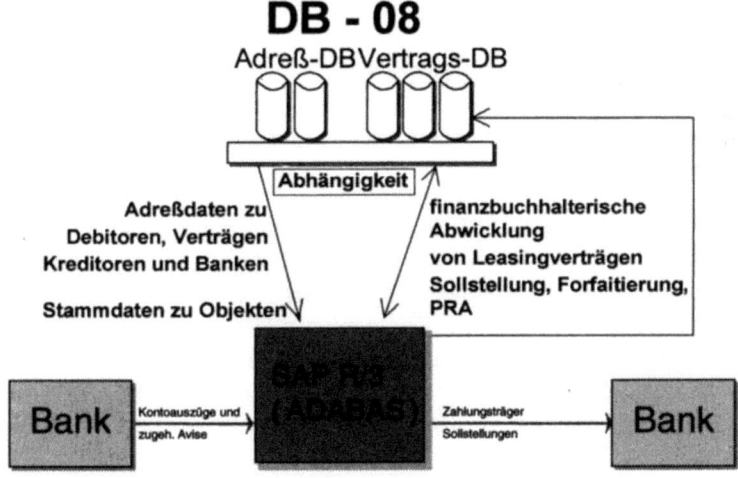

Abbildung 6: Schnittstellenstruktur

Im folgenden Schaubild ist die komplette Struktur des Informationsmanagements bei der HIB/HL dargestellt. Die Einbindung des SAP R/3-Systems als Datenempfänger und Datenlieferant bietet die Grundlage einer effizienten Unternehmenssteuerung.

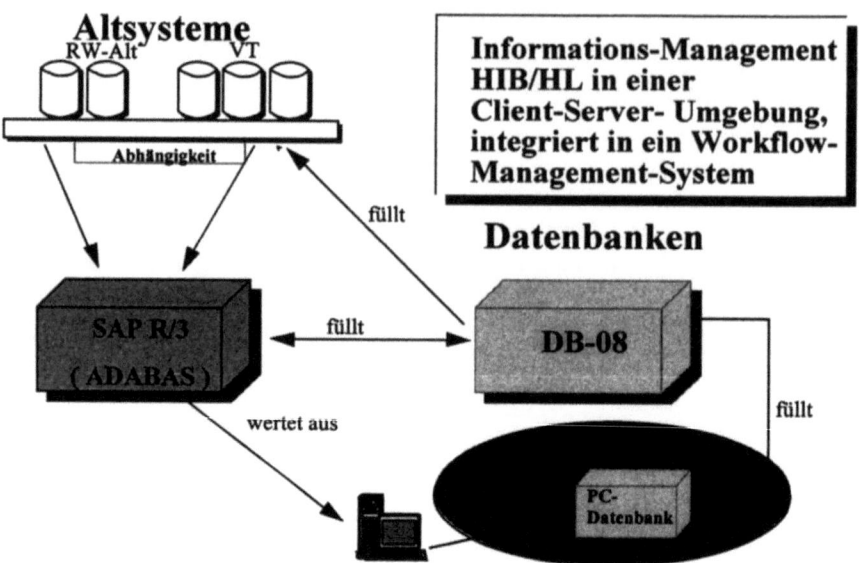

Abbildung 7: Informationsmanagement bei der HIB/HL

Die Altsysteme dienten vornehmlich als initialer Datenlieferant für das SAP R/3-System. Hier wurden neben den Kontensalden des Geschäftsjahres 1994 auch die Buchungseinzelposten für das erste Halbjahr 1995 aus den früheren Anwendungen des Rechnungswesens übernommen.

3.4.6 Erfahrungen aus der Einführung

Aus den mittlerweile abgeschlossenen Projektstufen können folgende Erfahrungen weitergegeben werden:

- Als eine wesentlich komplexere Aufgabenstellung als angenommen stellte sich die Umstellung des Kontenplanes auf den Vereinsbank-Kontenrahmen heraus, der parallel in der Konzernzentrale definiert wurde. Die Vereinheitlichung eines handelsrechtlich orientierten Kontenplanes (HL) mit dem Kontenrahmen einer Bank (HIB) und die Abstimmung des neuen Kontenplans mit dem Konzernrahmen erforderte zahlreiche Abstimmungsgespräche. Erschwerend kam hinzu, daß der Kontenrahmen für Banken im SAP R/3-System nicht implementiert ist. Einen neuen Kontenplan aufzubauen bedeutet nicht nur die Neuanlage der Konten, sondern auch die Transformation sämtlicher automatischen Kontierungen des Systems von den standardisiert eingerichteten IKR bzw. GKR auf den neu erstellten Kontenplan.

- Aufgrund des parallel durchgeführten Erweiterungsprojektes im System der Vertragsverwaltung auf die DB-08 erhöhte sich der Abstimmungsaufwand erheblich. Beide Systeme laufen, wie der Schnittstellenstruktur zu entnehmen ist, hoch integriert miteinander. Die Schwierigkeit bestand insbesondere darin, daß in der Vertragsverwaltung neben der Abbildung der Schnittstellenanforderungen des SAP R/3 auch funktionale Erweiterungen vorgenommen wurden. Die knappe Ressource war in diesem Fall das Entwicklungsteam des selbst entwickelten Produktes. Bei einer solch geplant hohen Integration der beiden Systeme ist ein ausreichender Test der Schnittstellen immens wichtig, um Fehler gerade in den ersten Wochen der produktiven Nutzung weitestgehend zu vermeiden. Die Akzeptanz der Anwender ist nicht unerheblich von der funktionierenden Systeminfrastruktur abhängig.

- Die vom Projektteam gewählte unterjährige Systemeinführung erforderte einen hohen Planungs- und Durchführungsaufwand. Bei der HIB/HL mußten für 6 Monate Einzelbuchungen aus dem Altsystem übernommen werden. Auch eine umfassende Analyse des Buchungsbestandes kann keine Garantie für eine vollständige Umsetzung aller vorkommenden Buchungsfälle ermöglichen; zudem bindet dieser Weg der Produktivsetzung einen hohen Anteil der zur Verfügung stehenden Kapazitäten in der Fehlerkorrektur und Abstimmung mit dem Altsystem.

- Bei der Datenübernahme ist gerade im Bereich der Nebenbücher sehr darauf zu achten, das die Anzahl der Einzelposten im Beleg sich nicht zu hoch gestaltet. Wenn, wie bei der HIB/HL, die Übernahme von Einzelposten in sog. Sammelbelegen für die komplette Sollstellung eines Monats erfolgt, können Probleme im maschinellen Ausziffern und im Zahlprogramm des SAP R/3 resultieren. Schwierigkeiten ergaben sich aufgrund der auf Debitoren und Belege bezogenen Sperren, die bei der Verbuchung gesetzt werden, so daß in diesem Bereich nach der Produktivsetzung zusätzliche Entwicklungen notwendig waren, um den Bestand „offener Posten" aus der Altdatenübernahme auszuziffern.

4 Systemerweiterungen

4.1 IAS-Accounting im Special Ledger

Im Rahmen der aktuellen Vorhaben wird derzeit gemäß der Anforderungen nach IAS eine neue Auswertungssicht über das spezielle Ledger (FI-SL, erweitertes Hauptbuch) im SAP R/3-System implementiert.

Mit dem Release 3.0 des SAP R/3-Systems ergeben sich im Bereich der flexiblen Auswertung von Buchhaltungs- und externen Daten über den Report-Painter neue Möglichkeiten. Weiterhin sind die Definitions- und Verdichtungsmöglichkeiten im „Special Ledger" stark ausgebaut worden.

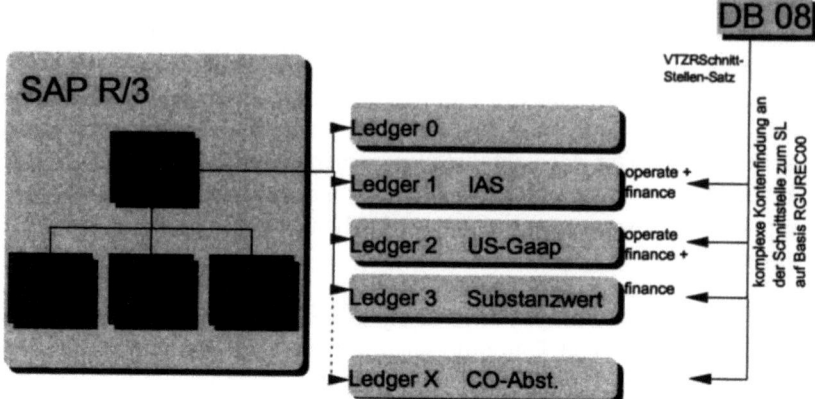

Abbildung 8: Schematische Darstellung des IAS-Accounting

Für die Bilanzierung nach IAS wird im SAP R/3 ein eigenes Ledger erstellt, in das neben ausgewählten Daten aus der Finanzbuchhaltung auch externe, zahlungsplanbezogene Daten Eingang finden. Mit frei zu definierenden Feldübertragungsregeln werden ausgewählte Vorgänge aus dem Hauptbuch importiert. Über eine externe Schnittstelle zur Vertragsverwaltung erfolgt das Einlesen der entsprechenden Posten aus den monatlichen Zahlungsplänen der einzelnen Verträge mit Hilfe eines flexiblen Kontenfindungsalgorithmus, um diese nach in der Vertragsverwaltung definierten Kriterien z. B. in die Klassifikationen Operate oder Finance Lease aufzuteilen.

Zur Bilanzierung nach IAS ist somit keine weitere Nebenrechnung erforderlich, da die Daten automatisch vom System zur Verfügung gestellt werden. Weiterhin enthält die Systematik alle Vorbereitungen dazu, bei Bedarf auch Bilanzen/Auswertungen nach US-GAAP und dem Ansatz des in diesem Artikel beschriebenem Rechnungslegungssystemes zu erzeugen.

Es ergibt sich damit für die HIB/HL die Möglichkeit, parallel zu den handelsrechtlich Erfordernissen auch die Anforderungen der Konzernmutter hinsichtlich einer IAS-konformen Bilanzierung und weitere Sichten wie die Substanzwertrechnung schnell und einfach zu erfüllen.

4.2 Online-Anbindung des SAP R/3-Systems an die neue Standardsoftware in der Vertragsverwaltung

Mit den neuen technologischen Möglichkeiten des SAP R/3-Systems unter dem Releasestand 3.0 wird angestrebt, das derzeit in der Einführung befindliche Standardprodukt für die Abwicklung des operativen Geschäftes online mit dem SAP R/3-System zu verknüpfen.

Bei der HIB/HL ist geplant, im Rahmen einer gemeinsamen Client-Server Umgebung einen gegenseitigen Funktionsaufruf zwischen den Systemen zu ermöglichen.

Im einzelnen wird z.B. überlegt, die Partner-Stammdaten zu Debitoren, Verträgen und Kreditoren sowie die Anlagenstammdaten synchron mit der Anlage im führenden operativen System dem SAP R/3 zur Verfügung zu stellen. Die Einspeisung einiger Buchungstransaktionen wie der Forderungsverkauf oder die Einbuchung einer Objektrechnung für eine Anlage könnten online in das SAP R/3 erfolgen. Diese beiden oben dargestellten Verfahren hätten den Vorteil, die Überprüfung des vollständigen und korrekten Ausweises aller für das SAP R/3 erforderlichen Daten des operativen Systems im Dialogverfahren zu ermöglichen.

Weiterhin soll im operativen Bereich die Möglichkeit geschaffen werden, online auf die jeweiligen Buchungspositionen eines Vertrages durchgreifen zu können. Voraussetzung dafür ist die Möglichkeit, den aktuellen Mahnstatus einzusehen und eventuelle Mahnsperren im SAP R/3 durch das operative System vergeben zu lassen.

Bei all diesen Überlegungen spielt die BAPI-Technologie (Business Application Programming Interface) der SAP eine wichtige Rolle. Es besteht damit die Möglichkeit, vordefinierte Methoden auf die Geschäftsobjekte (Kunde, Anlage, Lieferant, Kreditorenrechnung etc.) auszuführen. Im Dialogverfahren werden dann auch die Prüfungen im SAP R/3 durchgeführt und eventuelle Fehlerzustände an den Aufrufer zurückgemeldet.

5 Schlußbetrachtung

Die Anforderungen und die damit verbundenen Erwartungen an die Standard-Software SAP R/3 waren bei HIB/HL hoch gesteckt: Die Ablösung tradierter Verfahren und Systeme zweier im Prinzip unabhängigen Gesellschaften diktierte eine weitestgehende Vereinheitlichung nach inhaltlichen und technischen Kriterien. Als Konsequenz wurde ein leistungsfähiges Vertragsverwaltungssystem eigenentwickelt, das eine zuverlässige Schnittstellenversorgung zum Finanz- und Rechnungswesen bewiesen hat. Gleichwohl weist die nahe Zukunft auch auf diesem Feld in Richtung einer Standard-Software: Ein Projekt zur Einführung eines Systems als weiterer Bestandteil einer differenzierten Client-Server-Architektur ist zwischenzeitlich gestartet worden.

Die Effekte aus der Einführung von SAP R/3 sind markant: Die übergeordnete Notwendigkeit der Vereinheitlichung einerseits und die erstaunliche Flexibilität über das Customizing andererseits haben ein System begründet, das eine wichtige Voraussetzung einer wirtschaftlichen Leistungserstellung in einem Finanzdienstleistungsunternehmen darstellt.

Das gesamte Rechnungs- und Finanzwesen bei HIB/HL ist nunmehr höchstmöglich integriert: In einem System werden über die Mandantenfähigkeit inclusive der Beteiligungen alle Gesellschaften abgebildet. Damit wird die Konsolidierung, auch mit Blick auf die Vereinsbank-Gruppe und den Konzernkontenplan, bestmöglich unterstützt. Neue Anforderungen an die Rechnungslegung wie die Bilanzierung nach IAS sind vergleichsweise schnell umzusetzen. Dies gilt analog für die kurzfristig relevante parallele

Führung der Bücher in EURO. Von hoher Bedeutung bleibt die Gewißheit, daß jedwedes Anpassungserfordernis an neue externe Normen rechtzeitig und kompetent vom Software-Hersteller umgesetzt wird. Dadurch werden die eigenen Entwicklungsressourcen geschont und zudem Änderungen vergleichsweise günstig realisiert.

Die Einführung von SAP R/3 bei HIB/HL hat zudem bewiesen, daß solche Projekte im geplanten Zeit- und Kostenrahmen realisierbar sind. Damit ist in der Ex-Post-Betrachtung die Entscheidung für ein Standardsystem als wirtschaftlich und richtig bestätigt worden. Bemerkenswert bleibt der Umstand, daß ein wesentlich erhöhtes Geschäftsvolumen, erweitert um die zahlreichen Beteiligungsgesellschaften, mit gegenüber dem Altsystem reduziertem Personalbestand bearbeitet wird. Die Investitionen lassen sich somit nicht nur rechtfertigen, sondern in überschaubaren Planzeiträumen amortisieren.

Das SAP R/3 bietet neben den hochentwickelten Funktionen für das Finanzwesen und das externe Rechnungswesen integrierte Planungsinstrumentarien, insbesondere für die Erfolgs- und Kostenrechnung. Damit wird dieses System zum unverzichtbaren Bestandteil eines integrierten Steuerungsansatzes für das Gesamtunternehmen. Bei HIB/HL hat die Einführung der stellenbezogenen Erfolgs- und Kostenplanung den markanten Meilenstein in der Weiterentwicklung des Controlling definiert. Die Aggregation der stellenbezogenen Planrechnungen zur Gesamtunternehmensplanung hat über den periodischen Soll-Ist-Vergleich einen bemerkenswerten Zugewinn an Transparenz und Grundlagen für steuerungsbezogene Entscheidungen generiert. Das SAP R/3 wird damit zum unverzichtbaren Katalysator einer zielorientierten Unternehmenssteuerung, wie insbesondere die Entwicklung und Umsetzung des Einkreissystems als integrativem Rechnungswesenansatz für Leasinggesellschaften beweist.

Die betrieblichen Informationserfordernisse sind einem beständigen Wandel unterworfen, wobei grundsätzlich von einer weiteren Differenzierung und damit einhergehender Erweiterung der Komplexität ausgegangen werden muß. Die Befriedigung dieser Ansprüche erscheint nur mit hochintegrierten System wirtschaftlich gestaltbar, denn Nebenrechnungen oder -auswertungen sind nicht nur teuer, sondern häufig nicht ausreichend aktuell oder ausreichend präzise. Vor diesem Hintergrund erscheint die Entwicklung einer Standardkomponente für das Bankgeschäft, dem IS-Bank der SAP, als logische Konsequenz. Auch in Finanzdienstleistungsunternehmen wird sich mit dem Einsatz von über die Möglichkeiten des Customizing individualisierter Standard-Software, wie dem SAP R/3, der Anteil der eigenentwickelten Systeme deutlich reduzieren.

Literaturverzeichnis

[1] Blödorn, N.; Linthout, F.: Neues Rechnungslegungssystem für Leasinggesellschaften, in: Finanzierung Leasing Factoring, 43 (1996), S. 66 ff.
[2] Institut der Wirtschaftsprüfer in Deutschland e.V. (Hrsg.): WP-Handbuch 1992 Band II, Düsseldorf 1992, S. 14.
[3] Institut der Wirtschaftsprüfer in Deutschland e.V. (Hrsg.): Rechnungslegung nach den International Accounting Standards, Düsseldorf 1995, S. 106 ff.
[4] Kaminsky, S.: Die Kosten- und Erfolgsrechnung der Kreditinstitute, Meisenheim am Glan 1955, S. 34 ff.
[5] Linthout, F.: Erfolgskontrolle für Leasinggesellschaften, in: Mitteilungen und Berichte des Forschungsinstitut für Leasing an der Universität zu Köln, (1990) 10, S. 55 ff.
[6] Rappaport, A.: Shareholder Value, übersetzt von Wolfgang Klien, Stuttgart 1995, S. 13.
[7] Schierenbeck, H.: Ertragsorientiertes Bankmanagement, 2. Auflage, Wiesbaden 1987, S. 47.
[8] Schierenbeck, H.; Wiedemann, A.: Marktwertrechnungen im Finanzcontrolling, Stuttgart 1996, S. 390 f.
[9] Schnittmann, S.; Penzel, H.-G.; Gehrke, N.: Integration des Shareholder Value in die Gesamtbanksteuerung, in: Die Bank (1996) 11, S. 650.

Einführung des SAP R/3-Systems in einer Wissenschaftsverwaltung

Erweiterung des Standardsystems um Komponenten des kameralistischen Controllings am Beispiel der Max-Planck-Gesellschaft

Von Martin Schrempf, München und Prof. Dr. Friederike Wall, Witten/Herdecke

Inhaltsübersicht

1 Problemstellung
2 Anforderungen an das Rechnungswesen der Max-Planck-Gesellschaft
    2.1 Zu erstellende Rechenwerke
    2.2 Abrechnung gegenüber den Finanzierungsgebern
    2.3 Information der Entscheidungsträger
    2.4 Konsolidierung
3 Grundsätzliche Realisierungsmöglichkeiten für eine Einnahmen- und Ausgabenrechnung im Rahmen des kaufmännischen Rechnungswesens
    3.1 Überleitungsrechnung
    3.2 SAP R/3-Standardlösung
    3.3 Lösung der Max-Planck-Gesellschaft
4 Realisierung am Beispiel der Max-Planck-Gesellschaft
    4.1 Konzept
    4.2 Einzelfragen
5 Erste Erfahrungen und Ausblick

1 Problemstellung

Die Leistungen von Wissenschaftsorganisationen, zumal wenn sie - wie die Max-Planck-Gesellschaft - im Bereich der Grundlagenforschung tätig sind, lassen sich kaum in quantitativen und noch weniger in monetären Größen messen. Deshalb bestanden in der Max-Planck-Gesellschaft zunächst Vorbehalte gegenüber dem kaufmännischen Rechnungswesen, und es kamen weitgehend die kameralistischen Prinzipien der öffentlichen Verwaltung zur Anwendung. Hierbei zeigten sich aber zwei gewichtige Defizite:

- Die kameralistischen Rechenwerke (Einnahmen- und Ausgabenrechnung und Vermögensrechnung) sind getrennte Rechenwerke, die unabhängig voneinander erstellt und inhaltlich nicht unmittelbar verbunden sind.

- Wirtschaftliche Fragestellungen, die eine Kostenbetrachtung erfordern, konnten aus dem Rechnungswesen nicht direkt beantwortet werden.

Wie in vielen anderen öffentlich finanzierten Unternehmen bereits geschehen [5, 1, 3] wurde auch in der Max-Planck-Gesellschaft entschieden, das Rechnungswesen künftig stärker an kaufmännischen Prinzipien auszurichten und ein dazu geeignetes Software-System einzusetzen. Hierfür wurde SAP R/3 gewählt.

Die Besonderheiten der Finanzierung der Max-Planck-Gesellschaft machen es jedoch erforderlich, neben den kaufmännischen Rechenwerken weiterhin auch eine kameralistische Rechnung über die Einnahmen und Ausgaben vorzulegen. Auf der Basis des SAP R/3-Standardsystems ist damit ein kaufmännisches Rechnungswesen erweitert, um die erforderlichen kameralistischen Elemente zu erzeugen.

In diesem Beitrag wird dargestellt, wie die skizzierte Problemstellung im Rahmen eines entsprechenden Projektes bei der Max-Planck-Gesellschaft gelöst wurde. Die weiteren Ausführungen konzentrieren sich damit auf die Beschreibung der funktionalen Anforderungen und des realisierten Lösungsansatzes für das Rechnungswesen. Weitgehend unbeachtet bleiben in diesem Beitrag hingegen jene Projektziele und Maßnahmen, die sich primär auf die Reorganisation von Verwaltungsstrukturen und -abläufen beziehen und mit der Einführung von SAP R/3 verbunden sind.

Im nachfolgenden Abschnitt 2 werden die Anforderungen, die das Rechnungswesen der Max-Planck-Gesellschaft erfüllen muß, eingehender beschrieben, bevor in Teil 3 die grundsätzlichen Realisierungmöglichkeiten diskutiert werden. Der von der Max-Planck-Gesellschaft gewählte Realisierungsansatz bildet den Gegenstand des vierten Abschnitts. Hier werden neben der Konzeption, Einzelfragen und erste Erfahrungen behandelt.

2 Anforderungen an das Rechnungswesen der Max-Planck-Gesellschaft

2.1 Zu erstellende Rechenwerke

Die Grundlage der Finanzierung der Max-Planck-Gesellschaft ist die zwischen Bund und Ländern geschlossene Rahmenvereinbarung über die gemeinsame Förderung der Forschung nach Artikel 91 b des Grundgesetzes und die ergänzend dazu getroffene Ausführungsvereinbarung über die Förderung der Max-Planck-Gesellschaft. Danach erbringen der Bund einerseits und andererseits die Länder gemeinsam jeweils die Hälfte der Zuschüsse an die Gesellschaft. Der Gesamthaushalt der Max-Planck-Gesellschaft umfaßte im Jahr 1995 rund 1,7 Milliarden DM. Davon stammen etwa 90 Prozent der Einnahmen von Bund und Ländern [6]. Im Rahmen dieser sog. institutionellen Förderung besitzt die Gesellschaft weitgehende Freiheiten bei der Mittelverwendung, unterliegt jedoch den Restriktionen und Auflagen des öffentlichen Haushaltsrechts. Die übrigen 10 Prozent der Mittel sind oftmals an bestimmte Personen oder Forschungsprojekte gebunden.

Die Max-Planck-Gesellschaft ist verpflichtet, gegenüber den Finanzierungsgebern einen Nachweis über Herkunft und Verwendung ihrer Mittel zu führen. Im Verhältnis zu den Finanzierungsgebern lehnt sie sich an die Bundeshaushaltsordnung (BHO) an, indem sie eine Einnahmen- und Ausgabenrechnung (EA-Rechnung) sowie eine Vermögensrechnung in Form einer kaufmännischen Bilanz vorlegt.

Bereits vor der Einführung von SAP R/3 basierten diese Rechenwerke insofern auf einer kaufmännischen Buchungssystematik, als die haushaltsrechtlichen Titel in der Art kaufmännischer Konten im Wege doppelter Buchführung bebucht wurden. Allerdings wurden EA-Rechnung und Vermögensübersicht als voneinander unabhängige Rechenwerke erstellt, was entsprechende Abstimmungsarbeiten mit sich führte.

Nicht zuletzt unter dem Eindruck knapper werdender Mittel ist in der Max-Planck-Gesellschaft eine Entscheidung zugunsten einer stärkeren Ausrichtung des Rechnungswesens an betriebswirtschaftlichen Rechnungszwecken gefallen. Auch bei Einführung des kaufmännischen Rechnungswesens muß mit Blick auf die Finanzierungsgeber jedoch weiterhin eine an kameralistischen Grundsätzen orientierte Rechnung, d. h. eine EA-Rechnung erzeugt werden.

Damit müssen die folgenden Rechenwerke erstellt werden:

- Bilanz, die der Vermögensrechnung im haushaltsrechtlichen Sinn entspricht
- Gewinn- und Verlustrechnung
- Einnahmen- und Ausgabenrechnung

Als Implementationsbasis für diese Rechenwerke wurde das SAP R/3-System gewählt.

2.2 Abrechnung gegenüber den Finanzierungsgebern

Eine grundlegende Anforderung an das Rechnungswesen von Organisationen, die mit öffentlichen Mitteln und zudem aus Quellen unterschiedlicher Art finanziert sind, verlangt, einen detaillierten Nachweis über die eingenommenen und ausgegebenen Mittel zu führen.

Im einzelnen ist nachzuweisen, für welchen Zweck welche Mittel ausgegeben wurden. Für interne aber auch teilweise für externe Rechnungslegungszwecke ist zudem zu dokumentieren, von welcher organisatorischen Einheit, d. h. welchem Institut und welcher Kostenstelle Mittel ausgegeben wurden.

Aufgrund der besonderen Finanzierungsform der Max-Planck-Gesellschaft sind daher im Grundsatz für jeden Geschäftsvorfall drei Aspekte im Rechnungswesen abzubilden:

- Verwendungszweck der Mittel (z. B. Personalausgaben oder Investitionen)
- Empfänger der Mittel (z. B. ein Institut, eine Forschungsabteilung oder -gruppe)
- Herkunft der Mittel (z. B. institutionelle Förderung oder Projektfinanzierung)

Der Verwendungszweck ist im kaufmännischen Rechnungswesen regelmäßig aus dem Sachkonto zu entnehmen. Der Empfänger wird in der Regel als Nebenkontierung (Kostenstelle, Projekt) mitgeführt. Dagegen stellt der Nachweis der Finanzierungsart auf dem Detaillierungsniveau bezogen auf einzelne Geschäftsvorfälle eine Anforderung dar, die dem kaufmännischen Rechnungswesen fremd ist. Dort ist es nicht von Interesse, aus welcher Finanzierungsquelle eine *bestimmte* Ausgabe gedeckt wird.

2.3 Information der Entscheidungsträger

Generell liegt eine wesentliche Funktion des Rechnungswesens in der Information der betrieblichen Entscheidungsträger [2]. Die Informationsfunktion des Rechnungswesens stellt auch für die Entscheidungsträger in den Instituten und Arbeitsgruppen sowie der Generalverwaltung der Max-Planck-Gesellschaft einen wesentlichen Rechnungszweck dar.

Die Informationsmöglichkeiten, die das kaufmännischen Rechnungswesen dem Entscheidungsträger bietet, können hier nicht einmal annähernd behandelt werden. Es sei auf das umfangreiche, einschlägige Schrifttum verwiesen. Hervorzuheben ist hier jedoch, daß das kaufmännische Rechnungswesen das betriebliche Geschehen, d. h. die einzelnen Phasen der Geschäftsvorfälle wesentlich genauer abbildet, als es das kameralistische vermag. Eine wesentliche Ursache hierfür besteht darin, daß nicht nur die zahlungswirksamen Bewegungen abgebildet werden.

Allerdings liefert das kameralistische Rechnungswesen dem Entscheidungsträger hinsichtlich der Ausnutzung von Einnahmen- und Ausgabenbudgets genauere Informationen, als es die kaufmännische Rechnungslegung vorsieht: Verkürzt kann man als wichtigstes Ziel des kameralistischen Rechnungswesens bezeichnen, durch geeignete Informationen dazu beizutragen, daß Vorgaben zu Finanzbudgets eingehalten werden. Während Budgets in (gewinnorientierten) Unternehmen jedoch oftmals in mehreren Wertgrößen der Unternehmensrechnung formuliert werden - z. B. Kosten, Aufwendungen, Ausgaben oder Auszahlungen [4]-, erfolgt im kameralistischen Rechnungswesen nur die Vorgabe von Einnahmen- und Ausgabenbudgets, die sich zudem in der Höhe entsprechen müssen [8].

Mit Hilfe eines differenzierten Systems der Haushaltsplanung soll die Einhaltung der Budgets erreicht werden. Der Plan-Ist-Vergleich ist ein zentraler Bestandteil der kameralistischen Rechnung und die Erzeugung von Informationen über Plan-Ist-Differenzen der wesentliche Zweck. Demnach ist auf jedem Haushaltstitel zumindest ein Planansatz, der Istwert sowie die Differenz zwischen beiden auszuweisen. Für die Ausgabetitel kommt ferner der Ausweis der bereits durch Bestellungen gebundenen Mittel (sog. Obligo) hinzu.

2.4 Konsolidierung

Die Max-Planck-Gesellschaft umfaßt mehr als 70 selbständig bilanzierende Institute und Arbeitsgruppen. Ein wesentliches Merkmal der „Unternehmenskultur" der Max-Planck-Gesellschaft ist die weitgehende Autonomie der Institute und Arbeitsgruppen. Die Autonomie äußert sich u. a. darin, daß diese im Rahmen der haushaltsrechtlichen Grundsätze in der Verwendung der zugewiesenen Mittel autonom sind. Die Institute und Arbeitsgruppen erstellen selbständige Monats- und Jahresabschlüsse. Während die Gesellschaft im Innenverhältnis also aus zahlreichen selbständig bilanzierenden Einheiten besteht, tritt sie gegenüber den Zuwendungsgebern als Gesamtorganisation auf.

Daraus ergibt sich die Notwendigkeit, die Einzelabschlüsse der Institute und Arbeitsgruppen zu konsolidieren, und zwar sowohl hinsichtlich der kaufmännischen Rechenwerke als auch hinsichtlich des kameralistischen Teils der Rechnungslegung, d. h. der EA-Rechnung.

3 Grundsätzliche Realisierungsmöglichkeiten für eine Einnahmen- und Ausgabenrechnung im Rahmen des kaufmännischen Rechnungswesens

3.1 Überleitungsrechnung

Eine Reihe der Forschungseinrichtungen, aber auch viele andere öffentlich finanzierte Betriebe wählen das Verfahren einer sogenannten „Überleitungsrechnung", um eine an den kameralistischen Rechnungsprinzipien orientierte EA-Rechnung zu realisieren.

Nach diesem Verfahren wird die EA-Rechnung grundsätzlich aus der Gewinn- und Verlustrechnung (GuV) abgeleitet, indem die zahlungswirksamen Positionen der GuV aufgeschlüsselt nach Haushaltstiteln in eine komprimierte EA-Rechnung übertragen werden.

Dies setzt zum einen voraus, daß eine eindeutige Charakterisierung in zahlungswirksame und -unwirksame GuV-Positionen möglich ist. Zum anderen erfordert diese Vorgehensweise, daß in der GuV auch tatsächlich alle zahlungswirksamen Vorgänge erfaßt sind. Daß dies bei einer Buchungspraxis, die ausschließlich nach kaufmännischen Prinzipien ausgerichtet ist, nicht der Fall ist, verdeutlicht beispielhaft die Beschaffung eines Anlagegutes („Investition"). Dieser Geschäftsvorfall schlägt sich in einer Aktiv-Passivmehrung bzw. nach Ausgleich der Verbindlichkeiten in einem Aktivtausch nieder; die GuV wird nicht berührt. Das skizzierte Problem kann durch eine Buchung in die GuV mit anschließender Umbuchung in die Bilanz gelöst werden, so daß die GuV alle zahlungswirksamen Bewegungen enthält.

Als ein Vorteil der skizzierten Vorgehensweise ist zweifellos zu nennen, daß diese Lösung weitgehend ohne Modifikationen an der SAP R/3-Standardlösung auskommt. Dies wird mit dem Nachteil erkauft, daß die Datengrundlage für die EA-Rechnung durch zusätzliche Buchungen in der kaufmännischen Buchhaltung (Umbuchungen in/aus der GuV) geschaffen wird, aber nicht integriert mit der Finanzbuchhaltung erzeugt wird.

Aufgrund der erforderlichen Umbuchungen sowie der Erstellung der Überleitungsrechnungen führt dieses Verfahren zu erheblicher Mehrfacharbeit. Nachteilig ist auch zu vermerken, daß die EA-Rechnung nicht jederzeit verfügbar ist, da sie erst durch einen zusätzlichen Arbeitsschritt aus der GuV abgeleitet werden muß. Informationen über Plan-Ist-Differenzen stehen dem Entscheidungsträger damit nicht jederzeit zur Verfügung, und eine Budgetüberwachung ist damit nur zu bestimmten Zeitpunkten möglich.

Die GuV wird bei dieser Lösung dahingehend zweckentfremdet, daß sie auch die nicht-aufwands- oder -ertragswirksamen Ausgaben bzw. Einnahmen aufnimmt; sie verliert damit an Aussagekraft. Dieser Effekt würde sich aufgrund des hohen Integrationsgrades von SAP R/3 in die Kostenrechnung (CO-Modul) fortpflanzen.

3.2 SAP R/3-Standardlösung

Um ein kameralistisches Rechnungswesen zu realisieren, bietet SAP R/3 derzeit das Modul TR (Treasury) mit seinen Funktionen zum Finanzbudgetmanagement (FM) an. Demnächst ist überdies mit der Markteinführung des Systems IS-PS (Public Sector) zu rechnen, das die SAP AG als Branchenlösung für die öffentlichen Haushalte entwickelt. Allerdings ist anzunehmen, daß diese Branchenlösung in wesentlichen Bereichen an die Funktionalität des TR-FM-Moduls angelehnt sein wird. Im weiteren wird der prinzipielle Ansatz des TR-FM-Moduls zur Realisierung einer EA-Rechnung skizziert [7].

Ein wesentlicher Unterschied zu dem zuvor skizzierten Verfahren der Überleitungsrechnung besteht darin, daß hier die einzelnen Buchungen der Finanzbuchhaltung in eine EA-Rechnung fortgeschrieben werden können und nicht eine summarische Überleitung erfolgt.

Im TR-FM-Modul wird eine Organisation in verschiedene Finanzkreise gegliedert, wobei ein Finanzkreis mehrere Buchungskreise der Finanzbuchhaltung (FI-Modul) umfassen kann. Die Abgrenzung von Finanzkreisen ist eine Voraussetzung, um die Buchungen der Finanzbuchhaltung (aus dem FI-Modul oder dem Materialwirtschafts-Modul MM) in das Finanzbudgetmanagement, hier also die EA-Rechnung, fortschreiben zu können.

Eine weitere Voraussetzung für die Fortschreibung ist die Angabe einer sog. Finanzposition bei der Buchung in der Finanzbuchhaltung (im FI- oder im MM-Modul). Die Finanzpositionen haben den Zweck, eine Gliederung der liquiditätswirksamen Geschäftsvorfälle eines Unternehmens nach sachlichen Kriterien zu ermöglichen. Finanzpositionen können daher im Sinne der Titelnummern der haushaltsrechtlichen Systematik verstanden werden. Bei den Finanzpositionen sind sog. Kontierungspositionen und Verdichtungspositionen zu unterscheiden. Die erstgenannten sind als Zusatzkontierung zum (kaufmännischen) Sachkonto anzusehen. Verdichtungspositionen dienen der Zusammenführung der jeweils untergeordneten Kontierungspositionen. Sowohl Verdichtungs- als auch Kontierungspositionen können budgetiert werden, hingegen sind nur die Kontierungspositionen bebuchbar. Der sog. „Fonds" dient dem genaueren Herkunftsnachweis der Finanzmittel, mit denen eine Ausgabe getätigt wird.

Um einen Geschäftsvorfall in die Finanzbudgetrechnung fortzuschreiben, ist in der Belegzeile im FI- oder MM-Modul neben dem Sachkonto das Feld „Kontierungsposition" als Zusatzkontierung anzugeben. Für die Kontierungsposition liefert das System einen Vorschlagswert, der in den Stammdaten der Sachkonten hinterlegt ist. Der Anwender kann diesen Vorschlagswert freilich überschreiben. Weiterhin ist als Zusatzkontierung gegebenenfalls auch der Fonds einzugeben, für den das System ebenfalls einen Vorschlagswert ausgibt.

Grundsätzlich bietet das TR-FM-Modul die Möglichkeit, alle Phasen, die ein Geschäftsvorfall durchläuft, im Finanzbudgetmanagement abzubilden, d. h. von der Reservierung der Mittel, der Bestellung, dem Waren- und Rechnungseingang, der erfolgten Zahlung bis zum eingebuchten Kontoauszug. Dabei können die Fortschreibungszeitpunkte teilweise sehr differenziert gestaltet werden (z. B. Buchungs- oder Fälligkeitsdatum einer Rechnung).

Der letztgenannte Aspekt einer detaillierten Abbildbarkeit der Geschäftsvorfälle im Zahlenwerk des Finanzbudgetmanagements ist zweifellos als Vorzug der R/3-Standardlösung zu werten, mit dem der Informationsgehalt der reinen Kameralistik weit überschritten wird. Ebenso ist als Vorteil zu sehen, daß das kaufmännische Rechnungswesen durch eine solchermaßen realisierte EA-Rechnung nicht beeinflußt wird und damit gewichtige Nachteile einer Überleitungsrechnung vermieden werden. Die R/3-Standardlösung läßt dem Anwender die volle Flexibilität bei der Buchungsarbeit, denn für die zusätzlich zum Sachkonto anzugebende Kontierungsposition des Finanzbudgetmanagements wird nur ein Vorschlagswert angegeben.

Abgesehen von der mehrfachen Kontierungsarbeit, liegt in der hohen Flexibilität für den Anwender jedoch eine grundlegende Schwierigkeit dieser Lösung: Die EA-Rechnung wird aufgrund der Eingaben für die Kontierungsposition und den Fonds durch den Anwender erstellt. Das Wissen über die Erstellung der EA-Rechnung muß vom Anwender erbracht werden. Da die EA-Rechnung nicht inhaltlich aus den kaufmännischen Rechenwerken abgeleitet wird, sondern letztlich losgelöst von diesen durch Zusatzkontierungen erstellt wird, ist die Konsistenz der Rechenwerke nicht systematisch sichergestellt. Etwaige Fortschreibungsfehler können zwei verschiedenartige Ursachen haben, zum einen fehlerhafte Customizingeinstellungen und zum anderen fehlerhafte Eingaben des Anwenders. Letztere sind aber z. B. von der „Tagesform" des Anwenders abhängig und damit sachlich nicht reproduzierbar, was eine Fehlersuche und Konsistenzprüfungen erschwert.

3.3 Lösung der Max-Planck-Gesellschaft

Die Max-Planck-Gesellschaft hat sich für einen Lösungsansatz entschieden, dessen Kerngedanke darin besteht, alle Buchungen der (kaufmännischen) Finanzbuchhaltung automatisch und für den Benutzer „unsichtbar" im Hintergrund in eine EA-Rechnung fortzuschreiben. Hierzu wird das „Erweiterte Hauptbuch" (GLX, Extended General Ledger) von SAP R/3 genutzt, das die Möglichkeit bietet, Buchungen nach definierbaren Kriterien gesondert zu überwachen und in ein zusätzliches Rechenwerk fortzuschreiben.

Jede Buchung der Finanzbuchhaltung wird bei der Fortschreibung in das Erweiterte Hauptbuch daraufhin untersucht, ob es sich um eine einnahmen-/ausgabenwirksame Bewegung handelt und, sofern dies der Fall ist, auf welche Titel der kameralistischen Haushaltssystematik zu buchen ist. Die skizzierte Transformation von der kaufmännischen in die kameralistische Buchungssystematik leistet ein Modul, das von der Max-Planck-Gesellschaft selbst entwickelt wurde und die Standard-Schnittstellen des SAP R/3-Systems nutzt.

Die Lösung der Max-Planck-Gesellschaft vermeidet die Nachteile der beiden zuvor dargestellten Ansätze: So fallen keine mehrfachen Kontierungs- und Buchungsarbeiten an;

die GuV und die Kostenrechnung verlieren nicht an Aussagekraft. Der wohl wichtigste Vorteil der MPG-Lösung besteht aber darin, daß das fachspezifische Wissen über die EA-Rechnung im System, genauer in dem Transformationsprogramm sowie in bestimmten Customizingeinstellungen niedergelegt ist. Etwaige Fortschreibungsfehler könnten also nur dort ihre Ursache haben und wären damit reproduzierbar. Die Konsistenz der Rechenwerke ist damit ebenfalls leicht sicherzustellen. Den Vorteilen steht der prinzipielle Nachteil gegenüber, daß es sich bei dem Transformationsprogramm nicht um ein SAP-Standardmodul handelt.

Abbildung 1 stellt die diskutierten Möglichkeiten zur Erstellung einer EA-Rechnung und deren Zusammenhang zur kaufmännischen Buchhaltung noch einmal im Überblick dar.

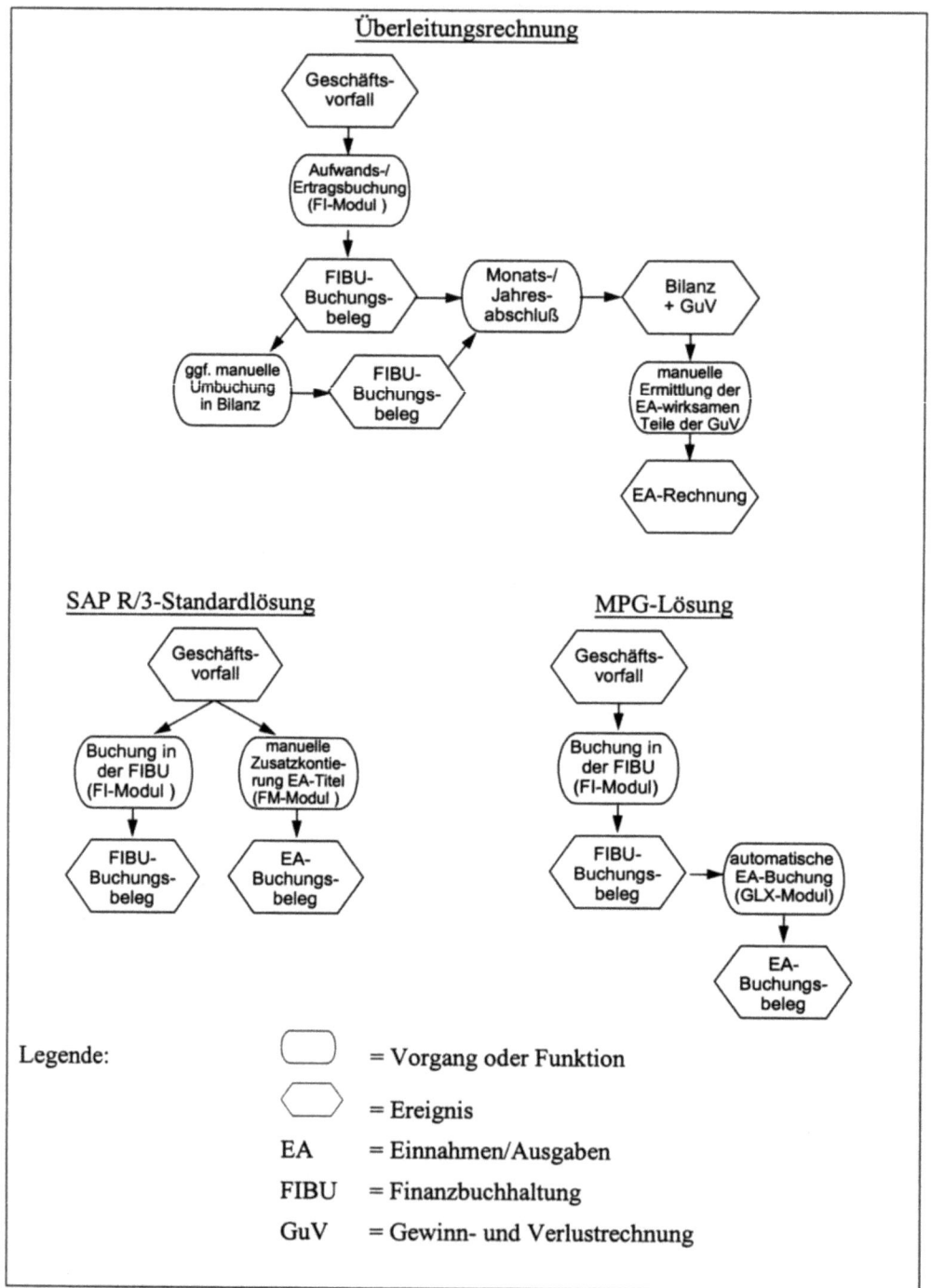

Abbildung 1: Möglichkeiten zur Realisierung einer EA-Rechnung

4 Realisierung am Beispiel der Max-Planck-Gesellschaft

4.1 Konzept

Das kameralistische Rechnungswesen, das auf der Systematik des Haushaltsplans öffentlicher Einrichtungen basiert, enthält folgende zusätzliche Gliederungselemente, die im kaufmännischen Rechnungswesen nicht vorhanden sind:

Kapitel

Der Haushaltsplan gliedert sich in Einzelkapitel, die in der Regel bestimmten selbständigen Organisations- bzw. Wirtschaftseinheiten entsprechen. In der Max-Planck-Gesellschaft wird beispielsweise jedes Forschungsinstitut als Einzelkapitel im Haushaltsplan dargestellt. Zusätzliche Kapitel können für zentrale Aufgaben der Gesellschaft eingerichtet werden.

Titel

Die Titel stellen die Gliederungselemente der Einnahmen und Ausgaben des Haushaltsplans dar und sind die primären Elemente der Budgetüberwachung. Sie hängen einerseits eng mit den Sachkonten der Buchhaltung zusammen, da sie den sachlichen Verwendungszusammenhang der Mittel kennzeichnen. Andererseits fassen die Titel aber auch unterschiedlichste betriebswirtschaftliche Vorgänge für die Budgetüberwachung zu einer Einheit zusammen. Beispielsweise werden unter einem Titel sowohl Anlagenbeschaffungen als auch Reparaturaufwendungen für Anlagen zusammengefaßt.

Finanzierungsarten

Wie bereits erwähnt, erhält die Max-Planck-Gesellschaft finanzielle Zuwendungen von einer Vielzahl öffentlicher und privater Zuwendungsgeber (institutionelle Förderung durch Bund und Länder, Projektmittel verschiedener Geldgeber). Dabei ist sowohl über die jeweiligen Einzelprojekte getrennt Rechnung zu legen als auch eine Zusammenfassung nach Gruppen von Geldgebern (z. B. Zuwendungen der Europäischen Union, Zuwendungen des BMBF) zu erstellen.

Wie in Abschnitt 3.3 dargelegt wurde, hat sich die Max-Planck-Gesellschaft dafür entschieden, die kameralistischen Gliederungselemete durchgängig aus den im Standard vorhandenen SAP-Objekten (Kontierungselementen) abzuleiten. Die kameralistischen Gliederungselemente treten daher ausschließlich in den neu definierten Tabellen des GLX auf, in die sämtliche Buchungen aus der Finanzbuchhaltung fortgeschrieben werden und die auch die Planwerte des Haushaltsplans enthalten, auf deren Grundlage das kameralistische Controlling (Soll-Ist-Vergleiche) erfolgt.

Abbildung 2 stellt das Transformationsprogramm im Zusammenhang mit den SAP-Standardkomponenten dar.

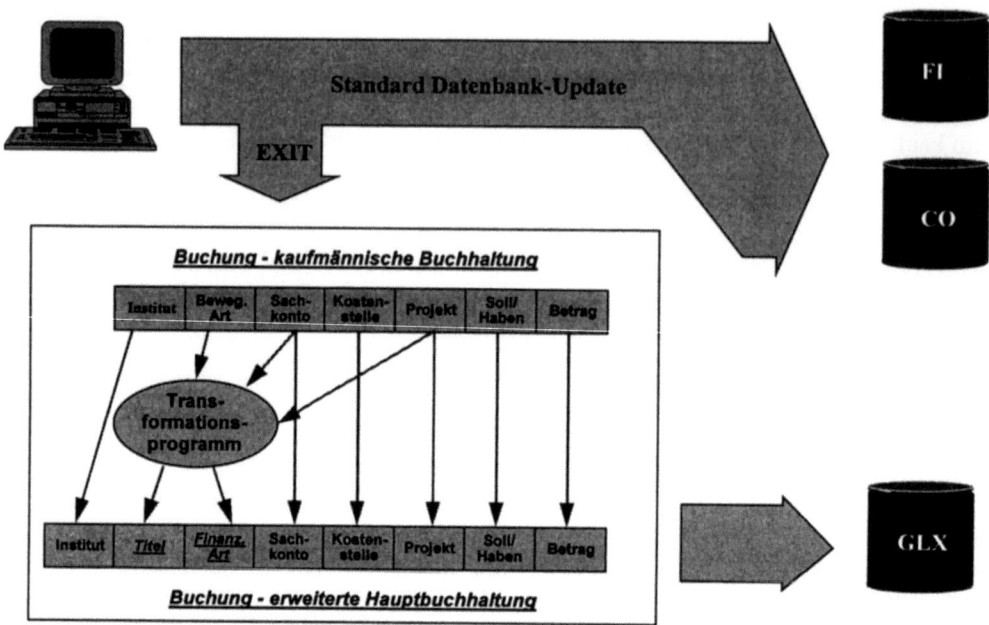

Abbildung 2: Architektur der MPG-Lösung zur Realisierung einer EA-Rechnung

Die Transformation der kaufmännischen in die kameralistischen Begriffe erfolgt programm- bzw. tabellengesteuert in folgender Weise:

Die Ableitung des *Haushaltskapitels* ergibt sich unmittelbar aus dem SAP-Buchungskreis (und ggf. dem SAP-Geschäftsbereich).

Der *Titel*, der ein Schlüsselfeld der GLX-Tabellen darstellt, wird aus dem SAP-Sachkonto und der SAP-Bewegungsart (bei Anlagenbuchungen) unter Verwendung mehrstufiger Hilfstabellen ermittelt, in denen die kameralistische Zuordnung hinterlegt ist. Vorgänge, die in kameralistischer Hinsicht nicht relevant sind, erhalten einen „Leertitel". Damit werden sämtliche Geschäftsvorfälle den kameralistischen Grundsätzen entsprechend auf die Einnahmen- und Ausgabentitel abgebildet. Gleichzeitig wird sichergestellt, daß das GLX den kompletten Buchungsstoff enthält und automatische Verprobungen mit der Finanzbuchhaltung möglich sind.

Die Zuordnung der Buchungen zu den verschiedenen *Finanzierungsarten* erfolgt durch Auswertung der Nebenkontierungen für Kostenstellen und Projekte, die im übrigen unverändert in das GLX geschrieben werden: Während Kostenstellen immer der Finanzierungsart „Institutionelle Förderung" zugeordnet sind, wird bei Projekten die jeweilige

Finanzierungsart im Projektstammsatz hinterlegt und bei der Fortschreibung automatisch ergänzt. Da damit ein rechnungswirksames Feld in den Stammdaten verwendet wird, waren gesonderte Vorkehrungen zu treffen, um eine nachträgliche Änderung dieses Feldes im Stammsatz zu verhindern, da der Buchungsstoff im GLX sonst inkonsistent werden kann.

Aus betriebswirtschaftlichen Gründen wird Wert darauf gelegt, kameralistische Auswertungen auch für Kostenstellen durchführen zu können, um eine Überwachung von Finanzbudgets auch unterhalb der Ebene von Haushaltskapiteln zu ermöglichen. Deshalb wird bei allen Sachkonten, die für die EA-Rechnung relevant sein können, die Eingabe einer Nebenkontierung (Kostenstelle, Projekt oder Auftrag) zwingend gefordert. Dies betrifft auch Geschäftsvorfälle, die keine Relevanz für die Kostenrechnung besitzen und für die SAP R/3 daher keine entsprechende Nebenkontierung vorsieht (Anlagenzugänge, Anzahlungen; ohne Nebenkontierung bleiben die anderen Bestandskonten).Hierzu waren kleinere Modifikationen des SAP R/3-Standardsystems erforderlich.

Bei der Ableitung der Kameralistik aus der kaufmännischen Buchführung sind Besonderheiten der jeweiligen Begriffe von Einnahmen und Ausgaben zu beachten:

Die Kameralistik bildet ausschließlich Einnahmen und Ausgaben ab. Grundsätzlich entspricht die Definition von „Einnahmen" und „Ausgaben" den betriebswirtschaftlichen Begriffen, die eine Veränderung des Geldvermögens beschreiben. Das Geldvermögen umfaßt alle Bereiche, die Zahlungsmittel sind (z. B. Bankkonten, Kassenbestände) oder noch zahlungsmittelwirksam werden (z. B. Forderungen, Verbindlichkeiten). Die Kameralistik berücksichtigt demnach ausschließlich Vorgänge, die für das Geldvermögen relevant werden. Vermögensänderungen (z. B. Veränderungen des Anlagevermögens), die nicht mit einem Geldfluß verbunden sind, bleiben demgegenüber außer Betracht. Dies führt dazu, daß die Sachkonten entsprechend ihrer Geldflußrelevanz unterschiedlich behandelt werden müssen. Darüber hinaus gilt bei Bestandskonten, daß nur ein Teil der Geschäftsvorfälle, mit denen diese Konten fortgeschrieben werden, in die EA-Rechnung übernommen werden darf. Tabelle 1 macht dies am Beispiel von Bestandskonten des Anlagevermögens deutlich.

Geschäftsvorfall	Zuordnung zu Titeln = Übernahme in EA-Rechnung	keine Titelzuordnung = keine Übernahme in EA-Rechnung
Anlagenzugang durch Kauf	x	
Anlagenzugang durch Schenkung		x
Wertminderung durch AfA		x
Anlagenumbuchung		x
Anlagenverkauf	x	
Verschrottung einer Anlage		x

Tabelle 1: Beispiel für die Fortschreibung von Geschäftsvorfällen in die EA-Rechnung

Unterschiedliche Auffassungen bestehen auch innerhalb der Kameralistik über den Zeitpunkt, zu dem Einnahmen und Ausgaben nachgewiesen werden. Teilweise werden Geschäftsvorfälle erst dann im Rechnungswesen nachgewiesen, wenn sie bereits zahlungswirksam geworden sind, d. h. zu Einzahlungen oder Auszahlungen geführt haben. Diese Betrachtungsweise erweist sich in der Praxis jedoch als zu eng, da interne Verrechnungen, die nicht mit Einzahlungen oder Auszahlungen verbunden sind, außer Betracht bleiben. Daher hat es sich als zweckmäßig erwiesen, den kaufmännischen Begriff von Einnahmen und Ausgaben in vollem Umfang anzuwenden und Forderungen und Verbindlichkeiten mit einzubeziehen. Der Vorteil dieses Ansatzes liegt darin, daß die im kaufmännischen Rechnungswesen abgebildeten Vorgänge (z. B. Buchung einer Eingangsrechnung) zeitgleich in der kameralistischen Abrechnung fortgeschrieben werden können und komplizierte zeitliche Differenzierungen unterbleiben können. Die Max-Planck-Gesellschaft hat sich aus diesem Grund dafür entschieden, ihre EA-Rechnung konsequent auf der betriebswirtschaftlichen Systematik aufzubauen.

4.2 Einzelfragen

Kontenplan

Die sachliche Gliederung der Kameralistik (Titel) ist nicht deckungsgleich mit der üblichen kaufmännischen Gliederung der Sachkonten. In der Regel ist die kaufmännische Gliederung feiner, so daß sich zwischen Titeln und geldflußrelevanten Sachkonten häufig 1 : n - Beziehungen ergeben. Dagegen ist im Anlagenbereich die kameralistische Gliederung feiner: Es wird nicht nur in sachlicher Hinsicht, sondern auch im Hinblick auf unterschiedliche, zweckgebundene Fonds differenziert. Beispielsweise kann Einrichtungsinventar aus Mitteln des Betriebshaushalts (bis zu einem Anschaffungswert von 10 TDM), aus Investitionsmitteln (Anschaffungswert größer 10 TDM) oder aus Baumitteln (getrennt in kleine und große Baumaßnahmen) finanziert werden. Diese zusätzlichen Differenzierungen sind im Kontenplan abzubilden, womit sich eine größere Zahl von Sachkonten ergibt, als bei einer rein sachlichen Gliederung notwendig wäre. Teilweise kann die Differenzierung auch auf anderem Wege erreicht werden (z. B. Definition von Projekten für Baumaßnahmen), soweit dies zweckmäßiger erscheint.

Anlagenverwaltung

Bei der Anlagenverwaltung ergibt sich ein deutlicher Unterschied zwischen der kaufmännischen Buchhaltung, die auf eine vollständige Erfassung aller Wertveränderungen abzielt, und der kameralistischen Sichtweise, die nur finanzwirksame Vorgänge berücksichtigt. Die Unterscheidung zwischen finanzwirksamen und -unwirksamen Vorgängen kann problemlos durch unterschiedliche Bewegungsarten erfolgen, die bei der GLX-Fortschreibung verschieden behandelt werden. Viele Geschäftsvorfälle der Anlagenverwaltung betreffen nur den Vermögensbereich eines Unternehmens und sind für die Kostenrechnung nicht relevant. Deshalb ist für Anlagenbewegungen im SAP R/3-Standardsystem eine Nebenkontierung auf Kostenstellen, Projekte etc. nicht vorgesehen. Ein kameralistisches Controlling (Budgetüberwachung) auf der Ebene von Kostenstellen und Projekten setzt demgegenüber eine entsprechende Nebenkontierung zwingend voraus. In der Max-Planck-Gesellschaft wurde zunächst versucht, die Nebenkontierung für die EA-Rechnung aus dem Anlagenstammsatz abzuleiten, in dem eine Kostenstelle als Empfänger der Abschreibungsbuchungen anzugeben ist. Dieser Ansatz erwies sich als wenig praktikabel, da er nur für Kostenstellen geeignet und für die Anwender vergleichsweise intransparent war. Für Projekte wurde deshalb zunächst ein anderer Weg gewählt, bei dem finanzwirksame Anlagenzugänge auf ein Verrechnungskonto gebucht und später an die Anlage abgerechnet wurden. Die Buchung auf das Verrechnungskonto wurde in der Einnahmen- und Ausgabenrechnung fortgeschrieben, nicht aber die Abrechnung auf die Anlage. Dieser Weg, der teilweise von anderen Forschungseinrichtungen beschritten wird, erwies sich als umständlich und fehleranfällig. Deshalb wurde eine Modifikation des R/3 Standardsystems durchgeführt, um bei allen Anlagenbuchungen eine Nebenkontierung explizit mitgeben zu können, die bei der Fortschreibung in das GLX verwendet wird. Eine Fortschreibung in der Kostenrechnung (CO) unterbleibt demgegenüber, so daß auch weiterhin eine betriebswirtschaftlich einwandfreie Kostenrechnung möglich ist. Durch die zusätzliche Nebenkontierung bei allen Anlagenbewegungen sind insbesondere auch nachträgliche Umbuchungen von Anlagen zwischen verschiedenen Kostenstellen oder zwischen Kostenstellen und Projekten (mit Wechsel der Finanzierungsart) auf einfache Weise möglich.

Materialwirtschaft (Bestandsführung)

Bei Zu- und Abgängen des Vorratsvermögens tritt der Unterschied zwischen der kaufmännischen und der kameralistischen Betrachtungsweise ebenfalls deutlich zu Tage:

Während es sich kaufmännisch bei Lagerzugängen regelmäßig um einen Aktivtausch handelt, der für die Kostenrechnung nicht relevant ist, stellt ein Lagerzugang für die Kameralistik den entscheidenden Vorgang dar, soweit hiermit ein Geldfluß verbunden ist (auch hier kann durch verschiedene Bewegungsarten zwischen geldflußrelevanten und anderen Vorgängen unterschieden werden). Die Lagerentnahme führt kaufmännisch zu einer kostenrechnungsrelevanten Aufwandsbuchung, stellt in der klassischen Kameralistik jedoch keinen nachzuweisenden Vorgang dar. Der Verzicht auf eine Abbildung in der kameralistischen Rechnung liefert jedoch ein unbefriedigendes Ergebnis, sofern auch Finanzbudgets auf der Ebene von Kostenstellen überwacht werden sollen, denn die externe Beschaffung von Nicht-Lagermaterialien würde anders behandelt als eine Lagerentnahme. Deshalb hat es sich als vorteilhaft erwiesen, sowohl die Lagerzugänge als auch die Lagerentnahmen in der Kameralistik fortzuschreiben. Um zu verhindern, daß eine Ausgabe doppelt erfaßt wird, werden die Bestandskonten des Vorratsvermögens und die zugehörigen Aufwandskonten, die bei einer Lagerentnahme angesprochen werden, auf den gleichen Titel abgebildet (Prinzip der kompensatorischen Buchungen). Abbildung 2 verdeutlicht dieses Prinzip.

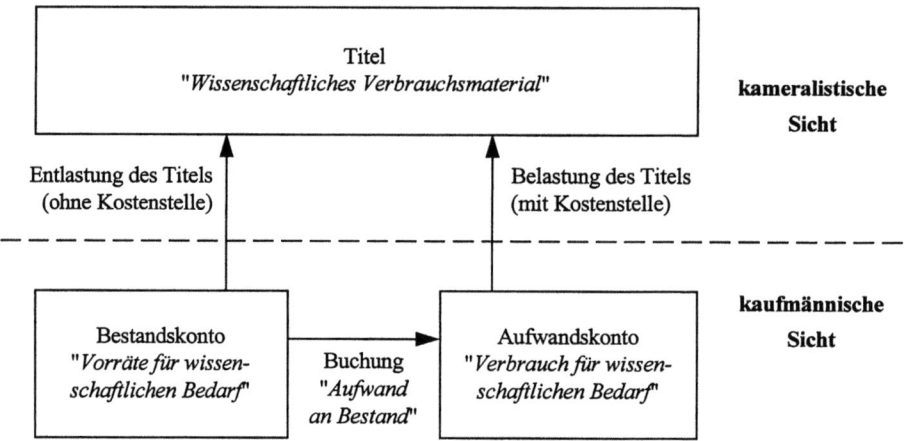

Abbildung 3: Prinzip der kompensatorischen Buchung am Beispiel einer Lagerentnahme

Werden auch andere Erfolgskonten im Bereich der Materialwirtschaft (z. B. Inventurdifferenzen, Aufwand und Ertrag aus Umbewertung, Preisdifferenzen) in dieser Weise mit dem zum jeweiligen Bestandskonto gehörenden Titel verknüpft, kann das Prinzip der kompensatorischen Buchungen in der Materialwirtschaft durchgängig verwendet werden.

Anzahlungen

Anzahlungen werden in SAP R/3 auf gesonderte Bestandskonten gebucht, die bilanziell zum Bereich der Forderungen gehören. Die Auswahl des zutreffenden Bestandskontos erfolgt durch die Wahl eines „Sonderhauptbuchkennzeichens". Bei Abschluß des Geschäftsvorgangs wird die Anzahlung mit der Schlußrechnung durch eine gesonderte Buchung verrechnet, d. h. umgebucht. Die Anzahlungskonten und die Konten, mit denen die Anzahlungen verrechnet werden, sind dem gleichen Titel zugeordnet, so daß auch hier das Prinzip der kompensatorischen Buchung zur Anwendung kommt.

Obligoüberwachung

Die Überwachung der Finanzbudgets, die in aller Regel als Jahresbudgets definiert sind, wäre unvollständig, wenn nur die bereits realisierten Einnahmen und Ausgaben berücksichtigt wären. Im Zuge der Reformüberlegungen für das öffentliche Haushaltswesen wird eine Einschränkung des Prinzips der Jährlichkeit erwogen, um zusätzliche Anreize für eine sparsame und wirtschaftliche Verwendung öffentlicher Mittel zu schaffen. Eine wichtige Rolle spielt zusätzlich die Überwachung der bereits eingegangenen Mittelbindungen (Obligo). Soweit die Mittelbindungen in Form von Bestellungen in SAP R/3 erfaßt wurden, können diese Informationen ausgewertet werden. Gleiches gilt grundsätzlich auch für Mittelbindungen in Form von Bestellanforderungen oder Lagerreservierungen. Diese Möglichkeit wird in der Max-Planck-Gesellschaft jedoch nicht genutzt, da diese Vorgänge keine große Relevanz besitzen. Demgegenüber sollten Mittelbindungen, die nicht in Form von Bestellungen vorliegen, nicht berücksichtigt werden, da eine Auflösung der Mittelbindung manuell erfolgen müßte und die so gewonnenen Daten relativ unzuverlässig wären. Derartige Reservierungen können bei Bedarf in Form „fiktiver Bestellungen" einbezogen werden, wobei das Problem der Auflösung des Obligos nach erbrachter Leistung bestehen bleibt.Als Obligo wird in der Max-Planck-Gesellschaft die Summe der offenen Bestellwerte, für die ein Lieferdatum im laufenden Geschäftsjahr eingegeben wurde, definiert.

Die Obligoinformationen werden auf der Detaillierungsstufe der einzelnen Haushaltstitel benötigt. Da es zu aufwendig wäre, alle Vorgänge aus der Materialwirtschaft (MM), die den Auf- und Abbau des Obligos beeinflussen können, online in das GLX fortzuschreiben, wurde derzeit eine periodische Ermittlung des Obligos (täglicher Batchlauf) realisiert. Dabei werden sämtliche offenen Bestellungen ausgewertet und mit der bereits oben beschriebenen Transformation in das GLX übertragen. Die Fortschreibung erfolgt in ein eigenes Ledger (Datentabelle), in das zeitgleich auch die Istwerte übernommen werden, um einen konsistenten Stand zu erreichen. Bei der Ermittlung der Obligowerte werden programmgesteuert auch Anzahlungen berücksichtigt, sofern diese unter Bezug auf eine Bestellung erfaßt wurden. Der Betrag der Anzahlung wird quasi als „negativer Obligowert" eingestellt, um als Summe den Bestellwert abzüglich der bereits geleisteten Anzahlung ausweisen zu können.

Aufträge

Die Komponente „Innenaufträge" von SAP R/3 wird in der Max-Planck-Gesellschaft zur Erfassung von Aufwänden und Kosten von Eigenleistungen (Werkstattaufträgen) genutzt. In die kameralistische Abrechnung gehen nur Primärkosten ein, die geldflußrelevant sind. Die GLX-Fortschreibung erfolgt grundsätzlich wie oben beschrieben. Aufträge werden jedoch nicht als eigenständige Nebenkontierung in das GLX übernommen. Fortgeschrieben wird vielmehr die mit einem Auftrag verbundene Kostenstelle, die im Auftragsstammsatz hinterlegt ist. Damit entspricht die Abrechnung eines Auftrags an eine Kostenstelle oder an ein Projekt in der Kameralistik einer Umbuchung der Primärkosten von einer Kostenstelle an eine andere Kostenstelle bzw. an ein Projekt.

Auswertungen

Mit Hilfe des Report-Writers von SAP R/3 wurde für die im GLX gespeicherten Daten eine Vielzahl von Auswertungen definiert, die eine kameralistische Sicht auf das Rechnungswesen ermöglichen und die gewünschte EA-Rechnung erzeugen. Dabei werden die Daten des Haushaltsplans, die als Planwerte im GLX enthalten sind, mit den jeweiligen Ist-Werten und Obligo-Werten verglichen. Für Projekte sind zudem mehrjährige Auswertungen möglich, in denen neben den Daten eines ausgewählten Jahres auch die kumulierten Werte über die gesamte Projektlaufzeit angezeigt werden. Da die Einzelpostensätze des GLX direkt mit den Daten der Finanzbuchhaltung korrespondieren, ist es möglich, interaktiv auf die Originalbelege der Finanzbuchhaltung zuzugreifen. Die kameralistische Komponente ist damit vollständig mit dem Standardsystem von SAP R/3 integriert.

Verprobung der Kameralistik mit dem kaufmännischen Rechnungswesen

Eine Stärke des bei der Max-Planck-Gesellschaft gewählten Lösungswegs zur Abbildung der Kameralistik liegt darin, daß die Konsistenz der Rechenwerke vollständig prüfbar ist. Hierzu wurde eine Reihe von Prüfprogrammen entwickelt, die sowohl die Vollständigkeit der GLX-Fortschreibung als auch die systematische Korrektheit überprüfen. Die Überprüfung der systematischen Korrektheit, die automatisch für jeden Buchungsbeleg erfolgt, basiert darauf, daß jede Veränderung in Einnahmen und Ausgaben eine gleiche Veränderung des bilanziellen Geldvermögens bewirken muß. Die Summe der Buchungszeilen eines Belegs, in denen Konten des Geldvermögens angesprochen werden, muß daher der Summe der im GLX auf Haushaltstitel fortgeschriebenen Einnahmen und Ausgaben entsprechen. Auf diese Weise können Fehler in der Transformationslogik oder Buchungsfehler, die der Systematik eines kaufmännischen Rechnungswesens mit integrierten kameralistischen Elementen zuwiderlaufen, zuverlässig erkannt werden.

Konsolidierung

Der Gesamtabschluß der Max-Planck-Gesellschaft setzt sich aus den Einzelabschlüssen aller Institute (Buchungskreise), die rechtlich nicht selbständig sind, zusammen. Interne Verrechnungen und Binnenumsätze sind dabei zu konsolidieren. Der Abschluß umfaßt sowohl die kaufmännischen Rechenwerke (Bilanz, GuV) als auch die EA-Rechnung. Da in der Max-Planck-Gesellschaft dezentrale Datenbankserver für SAP R/3 verwendet werden und es deshalb keine zentrale R/3-Datenbank gibt, können Standardauswertungen nicht verwendet werden. Realisiert wurde deshalb eine automatisierte Zusammenführung der verdichteten GLX-Daten sämtlicher Institute in eine zentrale Datenbank der SAP-Komponente EIS (Executive Information System). Das EIS wurde deshalb als Werkzeug gewählt, weil es eine vom operativen SAP R/3-System unabhängige Komponente darstellt und sehr vielseitige Auswertungsmöglichkeiten bietet. Die eigentliche Konsolidierung wird weitgehend automatisiert, indem sämtliche internen Vorgänge, die im Abschluß zu eliminieren sind, bei den beteiligten Partnern spiegelbildlich auf denselben Konten gebucht werden und sich damit im Gesamtabschluß gegenseitig aufheben.

5 Erste Erfahrungen und Ausblick

Die Max-Planck-Gesellschaft traf 1990 die Entscheidung, das Rechnungswesen auf Grundlage der kaufmännischen Buchhaltung neu aufzubauen, da auf diese Weise ein geschlossenes und vollständiges System zur Darstellung der Vermögensentwicklung und der betrieblichen Aufwände am besten erreicht werden kann. Das Ziel bestand darin, alle notwendigen kameralistischen Abrechnungen automatisiert auf der Basis dieses Rechnungswesens zu erstellen.

Der zunächst gewählte Ansatz einer Realisierung auf der Basis von SAP R/2 wurde 1993 aufgegeben, um eine modernere Softwarearchitektur einsetzen und eine dezentrale EDV-Struktur implementieren zu können, die der Organisationsstruktur der Max-Planck-Gesellschaft besser entspricht.

Ab 1994 wurde die hier vorgestellte Lösung auf der Basis von SAP R/3 in einer Reihe von Pilotinstituten eingeführt und aufgrund der dort gemachten Erfahrungen weiterentwickelt. Derzeit erfolgt schrittweise die Einführung in allen Instituten, die voraussichtlich bis Ende 1997 abgeschlossen sein wird.

Abgesehen davon, daß der Wechsel von einem kameralistisch orientierten Rechnungswesen auf die kaufmännische Buchführung eine tiefgreifende Änderung darstellt, die von den Anwendern erheblichen Umlernaufwand erfordert, sind die bisherigen Erfahrungen ausgesprochen positiv. Insbesondere hat sich der Ansatz, „die Kameralistik vor dem Anwender zu verbergen", bewährt, da konsequent in einer einzigen Systematik gearbeitet werden kann. Allerdings entstand erheblicher Aufwand bei der Ausgestaltung des Berichtswesens, das unterschiedlichsten Anforderungen gerecht werden muß.

Da für die Kameralistik eine Standardkomponente von SAP R/3, das GLX, verwendet wird, ist der zusätzliche Aufwand für die Softwarepflege gering. Insbesondere haben sich bisher bei Releasewechseln keine nennenswerten Probleme ergeben. Änderungen des Systems (z. B. Einrichten neuer Sachkonten, Einsatz neuer SAP-Komponenten) erfordern jedoch regelmäßig zusätzliche Arbeiten und konzeptionelle Prüfungen, da die kameralistischen Aspekte immer einbezogen werden müssen.

Der Nutzen der Umstellung auf ein Rechnungswesen, das die kaufmännische Rechnungslegung vollständig mit der kameralistischen Abrechnung und der Finanzbudgetüberwachung verbindet, liegt erkennbar in einer besseren Qualität des Rechnungswesens, das nunmehr sämtliche Geschäftsvorfälle vollständig abbildet sowie im Wegfall umfangreicher Doppel- und Abstimmarbeiten. Eine weitere Verbesserung der Verwaltungsarbeit durch die mit der Einführung von SAP R/3 verbundene Implementierung einheitlicher und „schlanker" Geschäftsprozesse wird sich erst realisieren lassen, wenn die umfangreiche Gesamteinführung abgeschlossen ist und die derzeitige Zweigleisigkeit, in der altes und neues Rechnungswesen noch teilweise parallel existieren, beendet ist. Da die Einführung von SAP R/3 mit zahlreichen organisatorischen Änderungen verbunden ist, die nach den vorliegenden Erfahrungen erst nach einiger Zeit wirklich verankert werden können, ist eine abschließende Beurteilung des Gesamtnutzens derzeit noch nicht möglich.

Nach Abschluß der Einführung in allen Instituten der Max-Planck-Gesellschaft ist vorgesehen, neue Möglichkeiten der Kostenrechnung für Forschungsorganisationen zu untersuchen und zu erproben. Hierzu bietet die gewählte Lösung beste Voraussetzungen, da die Kostenrechnung von R/3 (CO) an keiner Stelle durch die EA-Rechnung beeinflußt wird. Derzeit wird eine Kostenrechnung nur zur Zuordnung von Primärkosten zu Kostenstellen und - in begrenztem Umfang - für eine Kostenzuordnung zu Innenaufträgen (Werkstattaufträgen) genutzt. Eine erweiterte Nutzung der Kostenrechnung setzt zunächst die Definition geeigneter Controllingziele für gemeinnützige Forschungsorganisationen voraus. In Verbindung mit der zu erwartenden weiteren Flexibilisierung der Finanzierungs- und Bewirtschaftungsregeln für öffentlich geförderte Einrichtungen kommt dieser Aufgabe große Bedeutung zu.

Geplant ist ferner eine Intranetanbindung, um den Wissenschaftlern in der Max-Planck-Gesellschaft einen direkten Zugang zum SAP R/3-System zu ermöglichen (Eingabe von Bedarfsmeldungen, Abruf von Finanzinformationen). Damit können Geschäftsprozesse bereits von ihrem Ursprung an erfaßt und schneller und sicherer abgewickelt werden, ohne daß hierfür zusätzliche Hardware beschafft werden muß oder zusätzliche Schulungen notwendig werden. Die neueren Releases von SAP R/3 bieten durch ihre Internetfähigkeit, die für eine Akzeptanz bei Wissenschaftlern unverzichtbar erscheint, gute Voraussetzungen.

Literaturverzeichnis

[1] Hödl, E.: Leistungsorientierte Mittelverteilung: Auswahl und Gewichtung der Indikatoren, in: Forschung und Lehre, 1996, S. 25-27.
[2] Kloock, J.: Aufgaben und Systeme der Unternehmensrechnung, in: BFuP, 30 (1978), S. 493-510.
[3] Knöll, H. D.: Haushaltswesen: Kameralistik, Doppik ...?, in: VOP, (1996) 1-2, S. 40-46.
[4] Küpper, H.-U.: Controlling: Konzeption, Aufgaben und Instrumente, Stuttgart 1995.
[5] Lüder, K.: Konturen eines neuen kommunalen Haushalts- und Rechnungsmodells. Speyerer Arbeitsberichte Nr. 103, Hochschule für Verwaltungswissenschaften, Speyer 1995.
[6] Max-Planck-Gesellschaft zur Förderung der Wissenschaften e.V. (Hrsg.): Jahrbuch 1995, Göttingen 1995.
[7] SAP AG: R/3 System Release 3.0D Online Dokumentation, auf CD, Walldorf 1996.
[8] Wiesner, H.: Öffentliche Finanzwirtschaft I: Haushaltsrecht, 9. Aufl., Heidelberg 1992.

Der Einsatz kommerzieller integrierter Standardsoftware im Rahmen universitärer Ausbildung am Beispiel von R/3 der SAP AG

Von Prof. Dr. Manfred Layer[1]

Inhaltsübersicht

1 Einführung
2 Grundlagen
    2.1 Universitäre Ausbildung
        2.1.1 Gegenstand der Ausbildung
        2.1.2 Ausbildungsformen
    2.2 Kommerzielle integrierte Standardsoftware
        2.2.1 Standardisierung
        2.2.2 Integration
        2.2.3 Kommerzielle Software
3 Ausbildungsaufgaben als Rahmen für den Einsatz kommerzieller integrierter Standardsoftware
    3.1 Ausbildungsaufgaben in Arbeitsbereichen für Wirtschaftsinformatik
    3.2 Ausbildungsaufgaben in Arbeitsbereichen für Betriebswirtschaftslehre
4 Die Umsetzung von Ausbildungsaufgaben der Betriebswirtschaftslehre mit Hilfe von R/3 der SAP AG im Arbeitsbereich Organisation und Industrielles Rechnungswesen des Instituts für Industriebetriebslehre und Organisation der Universität Hamburg
5 Das Seminar CERMEDES AG als virtuelles Unternehmen
    5.1 Zielsetzungen des Seminars CERMEDES AG
        5.1.1 Überbrückung der Diskrepanz zwischen Theorie und praktischer Umsetzung
        5.1.2 Vermittlung betriebswirtschaftlichen Querschnittswissens

---

[1] Meinem Mitarbeiter, Herrn Dipl.-Kfm. Hinrich Schröder, danke ich für die kritische Durchsicht des Manuskripts und wertvolle Anregungen.

       5.1.3 Förderung der Zusammenarbeit in Arbeitsgruppen
       5.1.4 Einblick in kommerzielle integrierte Standardsoftware
       5.1.5 Grundlagen des Arbeitens mit kommerzieller integrierter Standardsoftware
  5.2 Seminaraufgaben für die Studierenden
       5.2.1 Hausarbeiten
       5.2.2 Einnahme eines Arbeitsplatzes im virtuellen Unternehmen
  5.3 Abwicklung des Seminarbetriebs
       5.3.1 Seminarsitzungen
       5.3.2 Bereitstellung von Dokumentation und Übungsmandant
       5.3.3 Tutorien
  5.4 Voraussetzungen zur Ausstellung des Leistungsnachweises
       5.4.1 Hausarbeit
       5.4.2 Festlegungen und Einstellungen im Übungsmandanten
  5.5 Leistungsnachweise
6 Erfahrungen mit dem virtuellen Unternehmen CERMEDES AG
  6.1 Erfüllung der theoretischen Anforderungen aus der Themenstellung
       6.1.1 Erfassung des Querschnittscharakters der theoretischen Aufgabe
       6.1.2 Kommunikation und Kooperation
  6.2 Einarbeitung in die Dokumentation des R/3-Systems
  6.3 Festlegungen und Einstellungen im Übungsmandanten
       6.3.1 Navigieren im Menüsystem
       6.3.2 Kommunikation und Kooperation unter den Arbeitsgruppen
  6.4 Personaleinsatz zur Durchführung des Seminars
       6.4.1 Studentisches Personal (Tutoren)
       6.4.2 Wissenschaftliche Mitarbeiter
       6.4.3 Seminarveranstalter
  6.5 Resonanz von Seiten der Seminarteilnehmer
  6.6 Die Abbildbarkeit theoretischer Fragestellungen im R/3-System
7 Forschungspotential aus dem Betrieb virtueller Unternehmen im Rahmen universitärer Ausbildung
  7.1 Empirische Rechnungswesenforschung auf der Basis virtueller Unternehmen
       7.1.1 Effizienzanalyse von Varianten von Planungs- und Kontrollsytemen im Rahmen von Seminaren
       7.1.2 Akzeptanzanalyse von Varianten von Planungs- und Kontrollsytemen im Rahmen von Seminaren
       7.1.3 Analyse der Abstimmung des Rechnungswesens auf die individuellen Unternehmensverhältnisse
  7.2 Entwicklung von Designstrategien für Planungs- und Kontrollsysteme
8 Erreichbarkeit der Ziele aus dem Einsatz kommerzieller integrierter Standardsoftware im Rahmen universitärer Ausbildung

1 Einführung

Planung, Realisation und Kontrolle betrieblichen Geschehens erfolgen heute aufgrund der technologischen Entwicklung in der Informationsverarbeitung in der Regel mit Hilfe der elektronischen Datenverarbeitung. Die universitäre Ausbildung in den Wirtschaftswissenschaften soll die Absolventen u. a. dazu befähigen, bei der Tätigkeit in der Gesellschaft ein wissenschaftlich begründetes Urteil zu fällen (vgl. z. B. § 1 der Diplomprüfungsordnung für den Studiengang Betriebswirtschaftslehre an der Universität Hamburg vom 25. Nov. 1995). Es stellt sich daher die Frage, inwieweit im Rahmen der universitären Ausbildung die Studierenden der Betriebswirtschaftslehre mit der Anwendung von in der Praxis angewandten Systemen der elektronischen Datenverarbeitung vertraut sein sollen. Aufgrund der technologischen Entwicklung ist für den Anwender vor allem die Software von Bedeutung, während für ihn die Kenntnis der hardwareseitigen Verarbeitung von Informationen eher in den Hintergrund getreten ist.

Auf der Basis der verwendeten Begriffe werden im folgenden zunächst die Lehraufgaben als Rahmen für einen eventuellen Einsatz von Software in der universitären Ausbildung beschrieben. Im Anschluß hieran wird ein Beispiel eines solchen Einsatzes vorgestellt und die Erfahrungen diskutiert, die hiermit gemacht wurden. Das Forschungspotential, das sich aus dem Einsatz der näher zu kennzeichnenden Software in der universitären Ausbildung ergibt wird zum Abschluß analysiert.

2 Grundlagen

Grundlagen für die Analyse sind die prägenden Begriffe der Themenstellung, die für die Untersuchung in zweckmäßiger Weise festzulegen sind. Aufgrund des Schwerpunkts des Themas wird auf eine ausführliche Definition von Begriffsvarianten verzichtet.

2.1 Universitäre Ausbildung

Universitäre Ausbildung geschieht vom Ansatz her in Deutschland unter dem Postulat der Einheit von Forschung und Lehre. Das besagt u. a., daß in die Lehre der jeweilige Stand der Forschung mit einfließen soll. Universitäre Ausbildung hat sich daher in der jeweiligen Teildisziplin der Wissenschaften an den verfügbaren Methoden und Instrumenten zu orientieren. Das gilt sowohl für den Gegenstand als auch für die Formen der Ausbildung.

2.1.1 Gegenstand der Ausbildung

Die Betriebswirtschaftslehre als Teildisziplin der Wissenschaften zählt zu den sog. Realoder Erfahrungswissenschaften [24, 25], d. h. sie hat in der Realität auftretende Erscheinungen einer wissenschaftlichen Behandlung zugänglich zu machen [1]. Hieraus ist es zunächst notwendig, das Geschehen in Betrieben als Basis von Forschung und Lehre zu erfassen. Die Erfassung muß sich sowohl auf das Geschehen in operativen Systemen erstrecken als auch auf das Geschehen in Planungs- und Kontrollsystemen.

Als Basis für die Erfassung des Betriebsgeschehens sind denkbar einmal Einblicke in das Geschehen real existierender Betriebe. Hierbei treten verständlicherweise Schwierigkeiten auf, weil das Geschehen stets situationsbedingt und eine Dokumentation aller Einzelheiten in der Regel nicht verfügbar ist. Die Rekonstruktion und Nachvollziehbarkeit des Geschehens ist nicht vollständig erreichbar. Die Beobachtung des realen Geschehens durch Dritte wird in der Regel zumindest als störend empfunden; die Begleitung von Planungsprozessen ist nur in Ausnahmefällen erreichbar.

Als Basis für die Erfassung des Betriebsgeschehens ist zum zweiten die Simulation eines Betriebes denkbar, wie sie partiell z. B. in Unternehmensplanspielen zu finden ist. Die Simulation des Betriebsgeschehens bietet für Forschung und Lehre den Vorteil, daß die zugrundeliegende Situation in allen Einzelheiten bestimmbar und dokumentierbar ist, so daß auch eine Rekonstruktion bzw. ein wiederholter Ablauf des Geschehens erreichbar sind. Die dem Geschehen zugrundeliegenden Parameter können zudem systematisch variiert werden, um die Auswirkungen der Variation auf das Geschehen zu analysieren. Die Möglichkeit, die Parameter bis auf jene, die analysiert werden sollen, konstant zu halten, bietet eine zuverlässige Untersuchungsbasis. Für Forschung und Lehre sind zudem Variationen der Parameter in unterschiedlichem Umfang vornehmbar, wodurch die Simulation auch auf den unterschiedlichen Wissensstand der Studierenden abgestellt werden kann.

Wenn es gelingt, die betriebswirtschaftlich relevanten Sachverhalte in einem Unternehmensmodell homomorph abzubilden, d. h. ein virtuelles Unternehmen zu schaffen, und das Betriebsgeschehen zu simulieren, so ergibt sich eine verläßliche Basis für die universitäre Ausbildung. Ein virtuelles Unternehmen ist als Beschreibungsmodell aufzufassen, das eine Darstellungs- und Ermittlungsfunktion hat [19]. Hierauf aufbauend ist die theoretische Durchdringung und die Entwicklung von Gestaltungsempfehlungen erreichbar. Für die praktische Relevanz der so gewonnenen Erkenntnisse ist entscheidend, inwieweit das virtuelle Unternehmen in seinen Strukturen einem real existierenden Unternehmen entspricht.

2.1.2 Ausbildungsformen

Die Beschäftigung mit ökonomischen Sachverhalten setzt zunächst die Kenntnis der maßgebenden theoretischen Grundlagen voraus. Die einzelnen Stoffgebiete sind daher in systematischer Form zu erschließen, wofür sich die Vorlesung entwickelt hat. Der aktiven Mitarbeit der Studierenden dienen Veranstaltungen wie Seminare oder Übungen, in denen vordefinierte Aufgaben von den Studierenden selbständig zu lösen (und zu präsentieren) sind. Für die Aufgabenstellungen in Seminaren bieten sich die unterschiedlichstenVorgehensweisen an. So ist denkbar, ein virtuelles Unternehmen im Rahmen eines Seminars zu betreiben.

2.2 Kommerzielle integrierte Standardsoftware

Der Beitrag ist dem Einsatz kommerzieller integrierter Standardsoftware im Rahmen universitärer Ausbildung gewidmet, so daß zunächst eine Begriffsbestimmung vorzunehmen ist.

2.2.1 Standardisierung

Von standardisierter Software wird gesprochen, wenn ein Softwareprogramm für Sachverhalte geschrieben wird, die sich in gleicher Weise in mehreren oder allen Betrieben finden [3, 5, 18]. Hierdurch wird erreicht, daß die Software nicht für jeden Betrieb neu programmiert werden muß. Die wiederholte Verwendung eines Programms ergibt eine verbesserte Sicherheit für den Anwender.

Die Standardisierung der Software macht es zur Erreichung einer genügenden und wünschenswerten Flexibilität für unterschiedliche Anwendungsfälle notwendig, im System u. U. alternative Vorgehensweisen für die Abwicklung einer Teilaufgabe vorzusehen. Das gilt z. B. für unterschiedliche Abschreibungsverfahren, die im Rahmen der Anlagenwirtschaft zulässig sind [10]. Aus den im System insgesamt zur Verfügung stehenden Alternativen sind im Zuge des sog. „Customizing" [18] die tatsächlich anzuwendenden auszuwählen.

2.2.2 Integration

Integration bedeutet, daß die Verarbeitungsergebnisse eines Softwareprogramms einem anderen, in das System integrierten Softwareprogramm zur weiteren Verarbeitung zur Verfügung stehen, ohne daß eine erneute Eingabe notwendig wird [11, 22]. So ist z. B. von integrierter Software zu sprechen, wenn Debitorenbuchhaltung, Kreditorenbuchhaltung, Materialbuchhaltung, Personalbuchhaltung und Hauptbuchhaltung so zusammengefaßt werden, daß die Buchungen in einer der 'Neben'buchhaltungen sich in der Hauptbuchhaltung niederschlagen ohne daß die Ergebnisse der Nebenbuchhaltungen noch einmal einzugeben sind [18].

Das Ausmaß der Integration, d. h. z. B. die Anzahl der einbezogenen Nebenbuchhaltungen sowie darüber hinaus der zur Abwicklung des Betriebsgeschehens notwendigen Teilaufgaben und betrieblichen Teilbereiche, kann je nach dem System integrierter Software sehr unterschiedlich sein. Ein hohes Maß an Integration weist das R/3-System der SAP AG auf, das den größten Teil der bei der operativen Planung und Realisierung der Geschäftsprozesse notwendigen Teilaufgaben abbilden kann [18]. Das R/3-System der SAP AG kann daher als Beschreibungsmodell aufgefaßt werden, dem im Rahmen universitärer Ausbildung in der Betriebswirtschaftslehre eine Darstellungs- und Ermittlungsfunktion [19] zukommt.

2.2.3 Kommerzielle Software

Der Ausdruck "kommerziell" soll sich auf die mit dem Softwareprogramm abzubildenden und abzuwickelnden Vorgänge beziehen. Das bedeutet, daß in kommerziellen Softwareprogrammen die in einem Betrieb abzuwickelnden, ökonomischen Vorgänge und die hierzu notwendigen Planungs- und Kontrollaufgaben zu erfassen sind.

3 Ausbildungsaufgaben als Rahmen für den Einsatz kommerzieller integrierter Standardsoftware

Die Vielfalt des zu vermittelnden Wissens sowie die Einheit von Forschung und Lehre bedingt eine Spezialisierung der Forscher und akademischen Lehrer. Für die Themenstellung von besonderer Wichtigkeit ist die Differenzierung der Ausbildungsaufgaben im Fachgebiet Wirtschaftsinformatik und im Fachgebiet Betriebswirtschaftslehre

3.1 Ausbildungsaufgaben in Arbeitsbereichen für Wirtschaftsinformatik

Wirtschaftsinformatik beschäftigt sich mit der strukturellen Analyse und Gestaltung von Informationsverarbeitungssystemen, die betriebliche Sachverhalte abbilden [12, 21]. Hieraus lassen sich die Ausbildungsaufgaben in Arbeitsbereichen für Wirtschaftsinformatik erkennen. Der Einsatz von R/3 als Beispiel für ein kommerzielles integriertes Standardsoftware-System in der universitären Lehre wird in der Literatur zur Wirtschaftsinformatik zum Teil kontrovers diskutiert [2, 6, 7, 13, 26]. Auf die Diskussion selbst und ihre Ergebnisse braucht hier nicht eingegangen zu werden.

3.2 Ausbildungsaufgaben in Arbeitsbereichen für Betriebswirtschaftslehre

Unter Arbeitsbereichen für Betriebswirtschaftslehre sollen hier Abteilungen oder Institute in Universitäten verstanden werden, deren Ausbildungsaufgaben sich nicht auf Wirtschaftsinformatik, sondern auf andere Teilbereiche der Betriebswirtschaftslehre beziehen. Für die Beschäftigung mit kommerzieller integrierter Standardsoftware kommen hier vor allem Arbeitsbereiche in Frage, die sich mit dem Rechnungswesen im weiteren Sinn beschäftigen.

Für solche Arbeitsbereiche liegen meines Wissens keine Diskussionsergebnisse in bezug auf den Einsatz kommerzieller integrierter Standardsoftware im Rahmen universitärer Lehre vor. Im folgenden soll der Einsatz von R/3 in einem so definierten Arbeitsbereich für Betriebswirtschaftslehre diskutiert werden.

4 Die Umsetzung von Ausbildungsaufgaben der Betriebswirtschaftslehre mit Hilfe von R/3 der SAP AG im Arbeitsbereich Organisation und Industrielles Rechnungswesen des Instituts für Industriebetriebslehre und Organisation der Universität Hamburg

Im Arbeitsbereich Organisation und Industrielles Rechnungswesen werden im Rahmen des Prüfungsfaches Allgemeine Betriebswirtschaftslehre Stoffgebiete gepflegt, die zur Leitungs- und Verwaltungsfunktion des Unternehmens [4] zählen. Es sind dies neben den Stoffgebieten „Planungs- und Entscheidungstheorie" sowie „Organisation der Unternehmung" die Gebiete „Bilanztheorie" und „Internes Rechnungswesen". Im Prüfungsfach Industriebetriebslehre sind es neben „Industriebetriebslehre I" sowie „Industriebetriebslehre II" die „Industrielle Plankostenrechnung" sowie die „Deckungsbeitragsrechnung"; letztere können in Industriebetrieben ebenfalls zur Leitungs- und Verwaltungsfunktion gezählt werden. Der Arbeitsbereich zählt *nicht* zu den Arbeitsbereichen für Wirtschaftsinformatik, sondern er ist nach seiner Aufgabenstellung und seinem Selbstverständnis ein reiner 'Anwender'arbeitsbereich der Betriebswirtschaftslehre.

Die Leitungs- und Verwaltungsfunktion ist essentiell auf die Verarbeitung von Nachrichten ausgerichtet, die aus allen Bereichen des Unternehmens sowie aus der unternehmerischen Umwelt aufzunehmen sind. Hierzu muß der Informationsbedarf zur Erfüllung der unternehmerischen Aufgaben in den einzelnen Unternehmensbereichen [8] bekannt sein. Weiter müssen die notwendigen Instrumente zur Vorbereitung von Entscheidungen, zur Umsetzung des Gesamtplans sowie zur Kontrolle konzeptionell entwickelt werden, und es sind Vorkehrungen zur Verknüpfung der einzelnen Instrumente der Planung, Realisation und Kontrolle des Unternehmensprozesses zu treffen. Die Umsetzung der Konzeptionen kann nur gelingen, wenn sich die Unternehmensleitung hierzu der nach dem Stand der technologischen Entwicklung besten Instrumente der Informationsverarbeitung bedient.

Die Erfassung der Verknüpfung zwischen einzelnen Teilbereichen entspricht der prozessualen Betrachtungsweise des betrieblichen Geschehens Zur Abbildung von Betriebsprozessen kann die Ereignisorientierte Prozeßkette [22] (EPK) herangezogen werden, die die Funktionssicht, Datensicht, Organisationssicht und Steuerungssicht [22] des betrieblichen Geschehens miteinander verbindet. Die EPK ermöglicht es u. a., die betrieblichen Abläufe einschließlich der Leitungs- und Kontrollaufgaben so zu strukturieren, daß sie der Abbildung in einem System der elektronischen Datenverarbeitung zugänglich werden.

Die konsequente Anwendung der EPK auf alle betrieblichen Abläufe führt zu einer Darstellung des gesamten Betriebsprozesses, die als virtuelles Unternehmen [27] bezeichnet werden kann. Die Abbildung des Betriebsprozesses mit Hilfe des Einsatzes kommerzieller integrierter Software läßt es zu, den Betriebsablauf zu simulieren. R/3 der SAP AG ist ein Standardsoftwaresystem, das eine solche Abbildung ermöglicht. Es verspricht daher ein geeignetes Instrument zu sein, um die eingangs geschilderte Erfassung des betrieblichen Geschehens mit Hilfe der Simulation betrieblicher Vorgänge im Rahmen der universitären Ausbildung zu erreichen.

Auf der Basis systematisch in Vorlesungen entfalteter Stoffgebiete der Betriebswirtschaftslehre, die von allen betriebswirtschaftlichen Arbeitsbereichen des Fachbereichs Wirtschaftswissenschaften der Universität Hamburg gepflegt werden, wird R/3 im Arbeitsbereich Organisation und Industrielles Rechnungswesen im Rahmen von Seminaren zur Allgemeinen Betriebswirtschaftslehre und zur Industriebetriebslehre eingesetzt. In Seminaren sind Studierende gefordert, eigene Leistungen einzubringen, was für die Erarbeitung der Kenntnisse in bezug auf die Software in einem Seminar zur Betriebswirtschaftslehre unabdingbar notwendig ist, da in einem Arbeitsbereich für Betriebswirtschaftslehre Vorlesungen zur Wirtschaftsinformatik nicht angeboten werden können.

Zusätzlich zu den nachstehend näher beschriebenen Seminaren werden auch Studienarbeiten und Diplomarbeiten betreut, die sich ebenfalls auf betriebswirtschaftliche Fragestellungen und ihre Umsetzbarkeit im R/3-System beziehen. Beispiele für Themen solcher Arbeiten sind:

- Einführung und Integration der Produktionsplanung und -steuerung sowie kritische Würdigung der Umsetzungsmöglichkeiten im System SAP-R/3;

- Möglichkeiten und Grenzen der Optimierung von Geschäftsprozessen mit Hilfe der Internet-Funktionalität des Systems R/3.

Dem Arbeitsbereich steht ein vollständiges R/3-System zur Verfügung, das von der SAP AG mietfrei überlassen wird. Gegenwärtig wird aufgrund von Hardwarebegrenzungen für das Seminar das Release 2.2.g eingesetzt; der Wechsel zu Release 3.0.x bzw. 3.1.x ist mit einem Hardwarewechsel für das WS 1997/98 vorgesehen.

5 Das Seminar CERMEDES AG als virtuelles Unternehmen

Mit Hilfe des virtuellen Unternehmens sollen die Abläufe in einem Unternehmen simuliert werden. Die 'Gründung' der CERMEDES AG geht zurück auf den VULCAN-Verbund (VULCAN steht für *V*irtuelle *U*nternehmen als *L*ehr-, Forschungs- und *A*usbildungs-*N*etz [27, 28]), in dem der CERMEDES AG die Aufgabe eines Produktionsunternehmens für Kraftfahrzeuge zugedacht war. Ursprünglich erfolgte die Führung der virtuellen Unternehmung auf anderer Hardware und Software. Die ursprünglich verwendete Software war in ihrer Struktur an Handelsunternehmen orientiert, so daß sich für den Betrieb einer produzierenden Unternehmung erhebliche Schwierigkeiten ergaben. Zudem war die Funktionalität relativ gering. Seit Sommeresemster 1994 wird R/3 eingesetzt. Infolge des weitaus größeren Ausmaßes an Funktionalität wurde es notwendig, den Unternehmenszweck auf die Produktion von Elektrowerkzeugen mit relativ einfacher Produktionsstruktur zu beschränken, was jedoch für die Bearbeitung betriebswirtschaftlicher Fragestellungen keine Abstriche an den Zielsetzungen des Seminars mit sich bringt.

Die Zulassung zum Seminar wird an die Erfüllung der allgemein geltenden Zulassungsvoraussetzungen zu Seminaren am Fachbereich Wirtschaftswissenschaften, das Bestehen der Zwischenprüfung im Studiengang Betriebswirtschaftslehre oder im Studiengang Volkswirtschaftslehre bzw. die äquivalenten Leistungen für Studierende anderer Studiengänge, geknüpft; weitere Eingangsvoraussetzungen bestehen nicht. Um eine adäquate Zuordnung der Seminarteilnehmer zu einzelnen Arbeitsplätzen des virtuellen Unternehmens zu erreichen, wird eine Bewerbung gefordert, in der u. a. auch bisherige Erfahrungen mit kommerzieller Software, die wünschenswert sind, angegeben werden können.

5.1 Zielsetzungen des Seminars CERMEDES AG

Ausgehend von den Ausbildungsaufgaben in Arbeitsbereichen für Betriebswirtschaftslehre liegen die Zielsetzungen auf der Spiegelung systematisch entfalteten theoretischen Wissens an praktischen Aufgabenstellungen, die mit Hilfe der Software umgesetzt werden. Hieraus resultieren die folgenden Detailziele.

5.1.1 Überbrückung der Diskrepanz zwischen Theorie und praktischer Umsetzung

Die in den einzelnen Vorlesungen systematisch entfalteten Kenntnisse sind von den Absolventen in der betrieblichen Praxis unter Erfassung der jeweils herrschenden Rahmenbedingungen umzusetzen. Die Arbeit in einem virtuellen Unternehmen bietet für die Studierenden die Möglichkeit, Rahmenbedingungen kennenzulernen wie sie in der Praxis in ähnlicher Form zu finden sind. Sie haben damit die Möglichkeit, die praktische Umsetzung theoretischen Wissens einzuüben und die sonst bestehende Diskrepanz zwischen Theorie und praktischer Umsetzung zumindest teilweise zu überwinden.

5.1.2 Vermittlung betriebswirtschaftlichen Querschnittswissens

Die Vorstellung von Stoffgebieten im Rahmen von Vorlesungen und die hiermit notwendige Abgrenzung zu anderen Stoffgebieten verstellt für Studierende, die keine empirischen Erfahrungen haben und daher u. U. nicht in der Lage sind, aufgrund ihrer Erfahrung die Verbindungen zu anderen Stoffgebieten selbst herzustellen, den Blick für die Auswirkungen, die Entscheidungen und ihre Umsetzung in einem Teilgebiet auf andere Teilbereiche haben können. Die für die theoretische Analyse unabdingbare ceteris paribus-Klausel ist für die Realität nicht haltbar, so daß die Ausbildung auch das notwendige Querschnittswissen vermitteln muß.

Die Ausfüllung eines Arbeitsplatzes in einem virtuellen Unternehmen und die hiermit verbundenen Aufgaben führen zwangsläufig dazu, über den in Vorlesungen vermittelbaren Stoff hinaus auch die Querverbindungen zu erfassen. Hiermit kann die immer wieder geforderte Praxisorientierung des Studiums auf der Basis solider theoretischer Kenntnisse verbessert werden. Universitäre Ausbildung kann und soll nicht die Ausbildung für *einen* Arbeitsplatz in einem konkreten Unternehmen leisten, sondern durch Methodenwissen und exemplarische Anwendung die Absolventen befähigen, den notwendigen Transfer am jeweiligen Arbeitsplatz zu erreichen und so die notwendige Flexibilität der späteren Handelnden verbessern.

Der Vermittlung von Querschnittswissens dient vor allem die Formulierung der betriebswirtschaftlichen Themen, die theoretisch zu bearbeiten sind.

5.1.3 Förderung der Zusammenarbeit in Arbeitsgruppen

Betriebliche Entscheidungsprobleme lassen sich in aller Regel nur über die Zusammenarbeit mit anderen Organisationsmitgliedern erfolgreich lösen. Die Fähigkeit zur konstruktiven Zusammenarbeit ist ein Qualifikationsmerkmal, das in der universitären Ausbildung nur über Projektarbeit im Rahmen von Seminaren erworben werden kann. Die Formulierung der Hausarbeitsthemen wird daher so gewählt, daß aufgrund des Umfangs der zu leistenden Arbeit und der zu erschließenden Dokumentation eine Zusammenarbeit von mehreren Seminarteilnehmern erforderlich ist.

5.1.4 Einblick in kommerzielle integrierte Standardsoftware

Die Beschäftigung mit kommerzieller integrierter Standardsoftware soll Studierenden, die sich mit der Verwaltungs- und Leitungsfunktion der Unternehmen und speziell mit dem Internen wie dem Externen Rechnungswesen beschäftigen, die Möglichkeit geben, die Struktur von Softwaresystemen kennenzulernen. So erfordert z. B. gegenüber der in der Vermittlung von Grundlagenkenntnissen der Buchhaltung üblichen Vorgehensweise der schrittweisen Determination des Buchungsinhalts die Abwicklung mittels Software eine Fülle von Voreinstellungen, mit deren Hilfe die Abwicklung des Buchungsstoffes gesteuert wird. Bei Dialogverarbeitung der Geschäftsvorfälle müssen die Voreinstellungen vor dem ersten Buchungsfall gemacht worden sein, so daß jeweils auf sie zurückgegriffen werden kann.

Die Integration der Nebenbuchhaltungen sowie der ihren Vorgängen zugrundeliegenden Dispositions-, Realisations und Kontrollvorgängen mit der 'automatischen' Übergabe von Informationsverarbeitungsergebnissen an andere Module der Software erfordert die für integrierte Informationsverarbeitungssysteme spezifische Festlegung der Verknüpfungen zwischen den einzelnen, in der theoretischen Darstellung getrennt behandelten Buchhaltungen. Die Verwendung desselben Grunddatensatzes, z. B. der Debitorenstammdaten, für unterschiedliche Teilaufgaben erfordert bei arbeitsteiliger Organisation die Entwicklung unterschiedlicher Sichten auf die Stammdaten mit der Definition unterschiedlicher Berechtigungen, die spezifische Umsetzungen von Kompetenz und Verantwortung im Rahmen der Organisation des Unternehmens darstellen.

Die Beschäftigung mit kommerzieller integrierter Standardsoftware vermag einen Einblick in die Struktur eines solchen Systems zu vermitteln.

5.1.5 Grundlagen des Arbeitens mit kommerzieller integrierter Standardsoftware

Die Standardisierung von Arbeitsabläufen und die für die Flexibilität notwendige Erfassung alternativer, zulässiger Vorgehensweisen über das Customizing gibt Hinweise auf die Anpassung der Abbildung der Betriebsabläufe an die spezifischen unternehmensindividuellen Gegebenheiten, was für die Arbeit mit einem solchen System Voraussetzung ist. Standardisierung bedeutet auch, daß die zulässigen Vorgehensweisen dem Mitglied der Organisation abschließend und vollständig vorgegeben werden müssen, was mit Hilfe der Menütechnik geschieht. Die Verwendung der Menütechnik und das 'Navigieren' im System ist ebenfalls Voraussetzung, um mit moderner Standardsoftware arbeiten zu können.

Die Vermittlung der Grundlagen des Arbeitens mit einem solchen System verbessert die geforderte Praxisorientierung, wobei es gerade in diesem Punkt entscheidend auf die aktive Arbeit der Studierenden ankommt.

5.2 Seminaraufgaben für die Studierenden

Die Ausbildungsaufgaben in der Betriebswirtschaftslehre in Verbindung mit dem Einsatz eines Systems kommerzieller integrierter Standardsoftware machen es notwendig, ökonomische Teilfragen als Aufgaben zu formulieren und ihre Umsetzung in dem installierten System zu analysieren.

5.2.1 Hausarbeiten

Hausarbeiten dienen der Dokumentation der Seminarleistungen außerhalb des Softwaresystems. Sie müssen sowohl die theoretische Behandlung der Teilfragen enthalten als auch eine schlüssige und nachvollziehbare Darstellung der Vorgehensweise bei der Festlegung der Einstellungen im System.

Der Funktionalitätsumfang des R/3-Systems läßt einerseits grundsätzlich die Formulierung beliebiger ökonomischer Fragestellungen zu. Andererseits sind aufgrund der Querverbindungen zwischen den einzelnen Teilfragen in einem Seminar jeweils miteinander verbundene Gebiete zu erfassen. Die Intensität der notwendigen Betreuungsarbeit sowie die Ausstattung mit Präsentationsgeräten, an denen die Studierenden arbeiten müssen, läßt es zudem nicht zu, die Zahl der Seminarteilnehmer beliebig groß werden zu lassen.

Für ein Seminar resultieren hieraus gewisse Einschränkungen in der Formulierung der theoretischen Aufgaben. Als Beispiel für die theoretischen Aufgaben sind nachstehend die für das Sommersemester 1997 vorgesehenen Themen wiedergegeben:

- Darstellung und Weiterentwicklung der Modellfirma mit Methoden der Geschäftsprozeßmodellierung;

- Aufbau und Weiterentwicklung des Vertriebssystems der Cermedes AG unter Berücksichtigung der Schnittstellen zur Produktionsplanung, Materialdisposition und Finanzbuchhaltung;

- Entwicklung und Umsetzung eines Konzepts zur Planung und Steuerung des Produktionsprozesses der Cermedes AG;

- Konzeption und Umsetzung eines automatisierten Lagerverwaltungssystems für die Cermedes AG;

- Entwicklung und Umsetzung eines Versand- und Transportsystems für die Cermedes AG;

- Entwicklung und Umsetzung eines Konzepts zur Materialbestandsführung und -bewertung für die Cermedes AG;

- Entwicklung und Umsetzung eines Konzepts für den Einkauf und die Disposition der Cermedes AG unter besonderer Berücksichtigung deterministischer bzw. stochastischer Nachfrage;

- Konzeption und Umsetzung eines Qualitätsmanagementsystems für die Cermedes AG;

- Aufbau und Weiterentwicklung der Anlagenwirtschaft der Cermedes AG;

- Entwicklung eines Logistik-Informationssystems zur Ermittlung geeigneter Kennzahlen im Rahmen eines Logistik-Controllings;

- Entwicklung und Umsetzung eines Finanzbuchhaltungskonzepts unter besonderer Berücksichtigung der Nebenbuchhaltungen;

- Aufbau und Umsetzung eines Konzepts für die Bilanzierung der Cermedes AG;

- Weiterentwicklung der Kostenstellenrechnung der Cermedes AG im Hinblick auf die Integration des Logistik-Bereichs;

- Entwicklung und Umsetzung eines Konzepts zur Erzeugnis- bzw. Auftragskalkulation unter Berücksichtigung des Produktionsprozesses.

Die Formulierung der Hausarbeitsthemen umfaßt unabhängig von der jeweiligen Wortwahl sowohl die theoretische Durchdringung der Fragestellung als auch die Analyse der Realisierung im R/3-System.

5.2.2 Einnahme eines Arbeitsplatzes im virtuellen Unternehmen

Zusätzlich zur Dokumentation der Vorgehensweise in der Hausarbeit sind die notwendigen Einstellungen auch im R/3-System selbst durchzuführen. Es sind dies Tätigkeiten, die bei der Einnahme eines verantwortlichen Arbeitsplatzes in der betrieblichen Praxis auch ausgeübt bzw. angeleitet und überwacht werden müssen.

Mit diesen Tätigkeiten werden die Seminarteilnehmer gezwungen, die Umsetzbarkeit anhand der Gegebenheiten des Systems zu überprüfen. Sie müssen prüfen, wo in der integrierten Software die notwendigen Einstellungen vorzunehmen sind und lernen so die Struktur der Verknüpfungen, z. B. der Mitbuchtechnik, kennen. Es ist eine Abstimmung mit anderen Arbeitsgruppen notwendig, wenn eine Eintragung in den Stammdaten Informationsgrundlage für mehrere ökonomische Teilfragen ist, wodurch das Arbeiten im Team gefördert wird.

5.3 Abwicklung des Seminarbetriebs

Der besondere Charakter des CERMEDES-Seminars bedingt eine Reihe von Abweichungen gegenüber einem 'normalen' Seminar, in dem anhand von Literatur eine Fragestellung aufzuarbeiten und zu diskutieren ist. Die Wechselwirkungen zwischen den einzelnen Aufgabenstellungen bedingen, daß das Gelingen des gesamten Seminars unabdingbar von den Teilleistungen jedes einzelnen Teilnehmers abhängt. Das Seminar stellt daher erhöhte Anforderungen an Präsenz und zeitgerechter Abwicklung der einzelnen Teilleistungen.

5.3.1 Seminarsitzungen

Um eine sinnvolle Umsetzung der theoretisch erarbeiteten Lösungen im R/3-System erreichen zu können, ist die Erarbeitung der theoretischen Lösung und ihre Abstimmung mit den anderen Fragestellungen kontinuierlich zu überprüfen. Im ersten Teil eines Semesters ist daher unter Leitung der Betreuer in jeder Seminarsitzung der Stand der theoretischen Arbeit vor allen Seminarteilnehmern zur Diskussion zu stellen. Nach ca. fünf Semesterwochen muß die theoretische Durchdringung des am Ende des Vorsemesters ausgegebenen Themas beendet sein. Anschließend ist der theoretische Teil der Hausarbeit vorzulegen.

Im Anschluß hieran wird in den Seminarsitzungen anhand der Präsentation online am R/3-System gezeigt, wie die für die Umsetzung notwendigen Einstellungen und Festlegungen im Übungsmandanten vollzogen wurden. Diese Festlegungen und Einstellungen sind das Ergebnis eigener Überlegungen sowie der Diskussionen und Hilfestellungen, die in den Tutorien geleistet werden.

5.3.2 Bereitstellung von Dokumentation und Übungsmandant

Allen Seminarteilnehmern werden bei Übernahme des Themas die allgemeinen Einführungsschriften sowie die ihr Modul betreffende Broschüre [14, 15, 16] zur Verfügung gestellt. Mit Beginn des Seminars werden die Zugangsmöglichkeiten zur Online-Dokumentation geschaffen [17], so daß die Seminarteilnehmer in der Lage sind sich schon parallel zur Erarbeitung der theoretischen Lösung mit der Dokumentation vertraut zumachen, um sich während der praktischen Arbeit rascher die notwendigen Quellen erschließen zu können.

Mit Beginn der Umsetzung werden die Zugangsmöglichkeiten zum Übungsmandanten eröffnet, wobei zunächst nur Anzeigeberechtigungen vergeben werden. Die Vergabe weiterer Rechte erfolgt auf Nachfrage von Seiten der Seminarteilnehmer durch die Tutoren und Betreuer, wodurch zugleich die Sinnhaftigkeit der erbetenen Berechtigungen, auch im Hinblick auf die Berechtigungen anderer Seminarteilnehmer, sichergestellt werden kann.

5.3.3 Tutorien

Da die Seminarteilnehmer nicht notwendigerweise mit kommerzieller integrierter Standardsoftware vertraut sind, ist es notwendig, ihnen in über das übliche Maß hinausgehender Weise Hilfestellung beim Umgang mit dem R/3-System zu geben. Das CERMEDESSeminar ist innerhalb der Universität als innovatives Lehrexperiment anerkannt und wird entsprechend bei der Zuweisung von Tutorenmitteln berücksichtigt.

Tutoren sind Studierende, die das Seminar selbst mit großem Erfolg absolviert haben und darüber hinaus in der Regel auch schon über Erfahrung mit kommerzieller Software verfügen. Ihre Aufgabe ist es, den Betreuern bei der Administration des Übungsmandanten zu helfen und die Studenten bei der Arbeit mit dem System zu unterstützen. Durch eine entsprechende zeitliche Planung ist bisher erreicht worden, daß während der üblichen Öffnungszeiten der für die Studierenden zugänglichen Arbeitsräume weitgehend eine Unterstützung geboten werden konnte.

5.4 Voraussetzungen zur Ausstellung des Leistungsnachweises

Entsprechend der spezifischen Zielsetzungen des CERMEDES-Seminars sind Voraussetzungen zur Ausstellung des Leistungsnachweises die Hausarbeit und die Arbeit im Übungsmandanten. Die bei den 'normalen' Seminaren am Fachbereich Wirtschaftswissenschaften sonst neben der Hausarbeit übliche Seminarklausur wird nicht verlangt.

5.4.1 Hausarbeit

Der theoretische Teil der Hausarbeit wird einer isolierten Bewertung unterzogen. Für die Beurteilung des praktischen Teils der Hausarbeit, d. h. der Dokumentation der Festlegungen und Einstellungen im Übungsmandanten, wird Nachvollziehbarkeit und Schlüssigkeit geprüft. Durchgeführte Transaktionen sind im Anhang beispielhaft zu dokumentieren.

5.4.2 Festlegungen und Einstellungen im Übungsmandanten

Auf der Basis der Hausarbeit werden im Übungsmandanten die vorgenommenen Festlegungen und Einstellungen überprüft. Hierbei ist vor allem auf die Vollständigkeit der umzusetzenden Paramter sowie die Ausschöpfung der zugewiesenen Berechtigungen zu achten. Die 'praktische' Arbeit wird getrennt bewertet und ergibt zusammen mit der endgültigen Beurteilung des theoretischen Teils der Hausarbeit die Gesamtnote des Leistungsnachweises. Die Mitarbeit in den Seminarsitzungen, die Art und Weise der Präsentation sowie Kommunikation und Kooperation innerhalb und zwischen den Arbeitsgruppen werden ergänzend mit erfaßt.

5.5 Leistungsnachweise

Bei Erfüllung aller Voraussetzungen wird zum einen als Leistungsnachweis der übliche Seminarschein ausgestellt, der bei der Anmeldung zum Hauptexamen vorzulegen ist.

Zusätzlich erhält jeder erfolgreiche Seminarteilnehmer ein Zeugnis, in dem die Art und Weise der Seminardurchführung mit ihren Besonderheiten kurz beschrieben wird. Das Zeugnis enthält das bearbeitete Thema sowie die erreichte Gesamtnote.

6 Erfahrungen mit dem virtuellen Unternehmen CERMEDES AG

Bei den seit 1987 insgesamt und seit 1994 mit dem R/3-System abgehaltenen Seminaren konnten am Arbeitsbereich Organisation und Industrielles Rechnungswesen die folgenden Erfahrungen mit dem Einsatz eines virtuellen Unternehmens im Rahmen universitärer Ausbildung gesammelt werden.

6.1 Erfüllung der theoretischen Anforderungen aus der Themenstellung

Die zu bearbeitenden Teilthemen eines Seminars umfassen entsprechend der praktischen Fragestellung in der Regel Stoffgebiete, die nicht alle in *einer* Vorlesung systematisch entfaltet werden. Sie erfordern zudem die Kooperation sowohl innerhalb einer Arbeitsgruppe als auch zwischen den Arbeitsgruppen.

6.1.1 Erfassung des Querschnittscharakters der theoretischen Aufgabe

Die Zerlegung des Themas in die notwendigen Einzelschritte der Bearbeitung zeigt sehr rasch die notwendigen Sachverhalte aus den betriebswirtschaftlichen Teiltheorien (Z. B. Produktionstheorie, Absatztheorie), die heranzuziehen sind.

Studierende ohne Erfahrungshintergrund aus praktischer Tätigkeit haben zu Beginn der Bearbeitung mitunter Schwierigkeiten, die notwendige Einordnung des Themas zu finden und die Teiltheorien die zur vollen Abdeckung des Themas notwendig sind zu erkennen.

6.1.2 Kommunikation und Kooperation

Die zu bearbeitenden Themen des Seminars sind in der Regel so umfangreich, daß Arbeitsgruppen gebildet werden, die das Thema gemeinsam bearbeiten. Die Zusammenarbeit in der Gruppe und die hierbei auftretenden gruppendynamischen Erscheinungen bewirken meist Arbeitsergebnisse, die den gestellten schwierigen Aufgaben zur Lösung verhelfen. Der praktische Zwang zur Kooperation und Kommunikation innerhalb der Arbeitsgruppe entspricht der Teamarbeit, die als Qualifikationsmerkmal für die praktische Tätigkeit in Unternehmen eine hervorragende Bedeutung hat.

In der einführenden Seminarsitzung wird immer wieder neu nachdrücklich betont, daß die Zusammenarbeit in der Gruppe für den Erfolg der Seminarteilnahme unabdingbar ist. Es treten jedoch in Einzelfällen immer wieder erhebliche Kommunikations- und Kooperationsprobleme auf, die sich aus der mangelnden Teamfähigkeit einzelner Teilnehmer ergeben.

Zusammenfassend läßt sich hier feststellen, daß sowohl der Charakter der integrierten Standardsoftware als auch die definierten Themen das Ziel, die Zusammenarbeit im Rahmen der Projektarbeit zu üben, zugleich fordern und fördern.

6.2 Einarbeitung in die Dokumentation des R/3-Systems

Die Organisation der Online-Dokumentation mit ihren unterschiedlichen Hierarchieebenen weicht technologiebedingt von der üblichen Systematik schriftlicher Veröffentlichungen ab. Da die den einzelnen Hierarchieebenen zugeordneten Dokumente jeweils aus der übergeordneten Ebene aufgerufen werden, ist es für den Leser notwendig, die einzelnen Hierarchieebenen und ihre Abfolge nachvollziehbar zu machen.

Der Überblick über die Online-Dokumentation ist zur Verknüpfung des theoretischen Teils der Themenstellung und der praktischen Umsetzung unabdingbar notwendig. Die Erfahrung zeigt, daß es für Studierende im Rahmen eines Seminars an der Hochschule nicht einfach ist, einen Überblick über die Dokumentation zu gewinnen. Das gilt vor allem dann, wenn für eine Themenstellung auf Dokumente aus unterschiedlichen Modulen (Z. B. Finanzbuchhaltung, Vertrieb) zurückgegriffen werden muß.

Eine Möglichkeit zur Überwindung der Schwierigkeit ist das Ausdrucken der Dokumente und ihre Anordnung entsprechend der hierarchischen Struktur. Aufgrund des Umfangs der Dokumentation muß der Druck jedoch auf die wichtigsten, unmittelbar benötigten Dokumente beschränkt werden.

6.3 Festlegungen und Einstellungen im Übungsmandanten

Wenn aus der Dokumentation der Überblick über die Umsetzungsmöglichkeiten gewonnen wurde, lassen sich mit Unterstützung durch die Tutoren und die betreuenden Mitarbeiter die notwendigen Arbeiten relativ schnell vornehmen.

6.3.1 Navigieren im Menüsystem

Das Navigieren im System mit Hilfe der Menütechnik wird nach kurzer Einarbeitungszeit gut beherrscht, wenn zuvor der Überblick über die einzelnen Stellen gewonnen wurde, an denen Einstellungen und Festlegungen notwendig sind. Die rasche Einarbeitung wird durch den Einführungsleitfaden wirkungsvoll unterstützt.

Die mit der Möglichkeit der Standardisierung notwendige Erfassung alternativ zulässiger Vorgehensweisen und der Ausweis der Wahlmöglichkeiten im System ermöglichen eine systematische Vorgehensweise. Eingebaute Plausibilitätskontrollen und Sperren nach bestimmten Festlegungen verhindern in der Regel die Auswahl sich widersprechender Parameterkonfigurationen.

6.3.2 Kommunikation und Kooperation unter den Arbeitsgruppen

Die Auswirkungen, die Festlegungen und Einstellung an einer bestimmten Stelle, z. B. bei den Debitorenstammdaten, auf andere Bereiche, z. B. den Vertrieb, haben, zwingen zu umfangreichen Koordinationsmaßnahmen, u. U. unter Beteiligung der Tutoren und betreuenden Mitarbeiter.

Die hierbei zwangsläufig auftretenden sachlichen Konflikte konnten immer einer zweckmäßigen Lösung zugeführt werden, wobei u. U. auch Tutoren und Betreuer Hilfestellung bieten mußten. Die schrittweise und rasche Lösung solcher Konflikte ist für den Fortgang des Seminars entscheidend, da nur so alle Arbeitsgruppen ihre Aufgaben zu lösen vermögen.

6.4 Personaleinsatz zur Durchführung des Seminars

Zur Erfüllung der gestellten Aufgabe ist von den Studierenden ein zeitlicher Einsatz zu erbringen, der weit über dem in einem üblichen Seminar notwendigen Zeiteinsatz liegt. Das ist vor allem auf die selbständige Erarbeitung der Dokumentation und das Einüben der Arbeit mit der Software zurückzuführen. Der besondere Charakter des Seminars wirkt sich darüberhinaus in gravierender Weise auf den notwendigen Personaleinsatz aus.

6.4.1 Studentisches Personal (Tutoren)

Die praktische Umsetzung der theoretischen Lösung im R/3-System durch Studierende, die nicht Wirtschaftsinformatik studieren, macht den Einsatz von Tutoren unabdingbar notwendig. Die gegenwärtig finanzierbaren zwölf Semesterwochenstunden, die aufgrund der zeitlichen Konzentration in den letzten zwei bis zweieinhalb Monaten des Semesters einen großen Teil der verfügbaren Öffnungszeiten der studentischen Arbeitsräume abzudecken erlauben, sind die Untergrenze zur Betreuung der Seminarteilnehmer.

6.4.2 Wissenschaftliche Mitarbeiter

Voraussetzung für die Betreuung des Seminars sind gründliche Kenntnisse des R/3-Systems sowie der erforderlichen Systemsoftware. Die Administration des eingesetzten R/3-Systems sowie die Betreuung der Seminarteilnehmer erfordert gegenwärtig den Einsatz der Arbeitszeit von ca. eineinhalb Stellen für wissenschaftliche Mitarbeiter.

6.4.3 Seminarveranstalter

Gegenüber dem Zeiteinsatz üblicher Seminare erhöht sich der Zeiteinsatz durch die Korrektur der umfangreichen Hausarbeiten, insbesondere hinsichtlich der Nachvollziehbarkeit und der Schlüssigkeit der dokumentierten Festlegungen und Einstellungen im praktischen Teil der Hausarbeiten.

6.5 Resonanz von Seiten der Seminarteilnehmer

Erfolgreiche Seminarteilnehmer, die ihre Ausbildung auch auf die Anforderungen der Praxis ausrichten, betonen immer wieder, daß die Kombination von theoretischer Fragestellung und praktischer Umsetzung ein enormer Vorteil für Lernfortschritt und Lernerfolg sei. Über den Bewerbungsverlauf und -erfolg der Absolventen der Studiengänge Betriebswirtschaftslehre bzw. Volkswirtschaftslehre existieren keine statistischen Grundlagen. Soweit der Bewerbungsverlauf jedoch durch persönliche Kontakte mit den Absolventen bekannt wird, kann festgestellt werden, daß sich die erfolgreiche Teilnahme am Seminar sehr positiv auswirkt. Von den Studierenden, die sich explizit an den Anforderungen der Praxis orientieren, wird das Seminar sehr positiv eingeschätzt.

6.6 Die Abbildbarkeit theoretischer Fragestellungen im R/3-System

In den bisher durchgeführten Seminaren ist aus den operativen Modulen das Modul Personalplanung und Personalverwaltung nicht mit einbezogen worden, da durch die eingebauten Plausibilitätsprüfungen die Verwendung von echten Daten notwendig ist; solche Daten können jedoch für die universitäre Ausbildung nicht zur Verfügung gestellt werden.

Bei den bisher untersuchten Themenstellungen, die im Laufe der Seminare sehr unterschiedliche Fragen aus den übrigen operativen Modulen des R/3-Systems abdeckten, konnte festgestellt werden, daß die Umsetzbarkeit der theoretischen Fragestellungen durch das R/3-System weitgehend unterstützt wird. Es kann daher als ein adäquates Beschreibungsmodell des operativen Betriebsablaufs bezeichnet werden. Die differenzierte Abbildung des Betriebsgeschehens bewirkt eine hohe Komplexität des R/3-Systems, die von Studierenden häufig als Hindernis für die Erfüllung der Seminaraufgaben betrachtet wird.

7 Forschungspotential aus dem Betrieb virtueller Unternehmen im Rahmen universitärer Ausbildung

Die Fragestellung resultiert aus dem Postulat der Einheit von Forschung und Lehre. Es ist daher zu untersuchen, inwieweit der Betrieb eines virtuellen Unternehmens Ansatzpunkte für Forschungsarbeiten bietet. Forschung muß sich zum einen auf die Evaluierung vorgefundener Ansätze und Modelle richten; zum anderen ist zu untersuchen, ob Gestaltungsempfehlngen für die Entwicklung von Planungs- und Kontrollsystemen gegeben werden können.

7.1 Empirische Rechnungswesenforschung auf der Basis virtueller Unternehmen

Bei den Planungs- und Kontrollinstrumenten, die der Unternehmensleitung zur leistungs- und kostenmäßigen Erfassung des Betriebsgeschehens zur Verfügung stehen, existieren eine Vielzahl unterschiedlicher, in einem konkreten Fall potentiell einsetzbarer Modelle und Ansätze. Die Auswahl eines konkret einzusetzenden Instruments erfordert vorab die Kenntnis seiner Vor- und Nachteile im Hinblick auf die Kontextfaktoren des Einsatzes (Z. B. Programmtyp, Organisationstyp, Vergenztyp, Prozeßbedingungen, Lager- oder Auftragsfertigung u. a. m.), wozu eine Evaluierung der einzelnen Instrumente unter Erfassung der relevanten Kontextfaktoren erforderlich ist.

Für die Evaluierung gegebener Planungs- und Kontrollinstrumente bieten sich einmal theoretische Vorgehensweisen an, mit deren Hilfe die Einsetzbarkeit von Instrumenten postuliert wird. Zum anderen kann die Evaluierung mit empirischen Methoden vorgenommen werden, indem die Reaktion von betrieblichen Aufgabenträgern auf unterschiedlich gestaltete Planungs- und Kontrollinstrumente analysiert wird. Empirische Untersuchungen beim *realen* Einsatz solcher Instrumente leiden u. a. darunter, daß der tatsächliche Ablauf nicht reproduzierbar ist und so alternative Instrumente nicht auf denselben Sachverhalt angewandt werden können. Virtuelle Unternehmen auf der Basis eines adäquaten Beschreibungsmodells versprechen demgegenüber hierbei wertvolle Unterstützung.

Die Forschungsansätze lassen sich vergleichsweise günstig realisieren, wenn virtuelle Unternehmen im Rahmen universitärer Ausbildung unter Beteiligung von Studierenden eingesetzt werden können. Sie können zudem als Tests für Untersuchungen dienen, die in gleicher Weise mit Beteiligten aus der unternehmerischen Praxis angestellt werden müssen. Die bislang notwendige Konzentration auf die operativen Module des R/3-Systems hat es nicht zugelassen, Experimente mit alternativen Planungs- und Kontrollinstrumenten durchzuführen. Mit dem IDES-System (:=International Demonstration and Education System), dessen Einsatz mit dem Übergang zu der neuen Hardware- und Softwareausstattung geplant ist, können diese Beschränkungen voraussichtlich überwunden werden, so daß Tests mit alternativen Planungs- und Kontrollinstrumenten in Angriff genommen werden können.

7.1.1 Effizienzanalyse von Varianten von Planungs- und Kontrollsystemen im Rahmen von Seminaren

Virtuelle Unternehmen bieten mit der Möglichkeit, den Betrieb eines Unternehmens zu simulieren, den simulierten Ablauf festzuhalten und beliebig zu reproduzieren, die Gelegenheit, Experimente mit alternativen Planungs- und Kontrollinstrumenten durchzuführen und ihre Eignung bei unterschiedlichen Kontextfaktoren zu evaluieren.

Auf diese Weise können als unabhängige Variablen verwendet werden:

- Betriebsablauf eines beliebig zu konzipierenden Unternehmens, bei dem die Kontextfaktoren entsprechend erfaßt sind, einschließlich der denkbaren Variationen des Betriebsgeschehens;
- Planungs- und Kontrollinstrumente in ihren unterschiedlichen Ausprägungen.

Werden so konzipierte Experimente mit 'identischen' Aufgabenträgern ausgeführt, so können die individuellen Reaktionsweisen der beteiligten Menschen als abhängige Variable festgestellt und somit ein Urteil über die Effizienz der Instrumente gewonnen werden.

7.1.2 Akzeptanzanalyse von Varianten von Planungs- und Kontrollsystemen im Rahmen von Seminaren

Die Arbeitsteiligkeit moderner Betriebsführung erfordert die teilweise Delegation von Entscheidungsbefugnissen an nachgeordnete Aufgabenträger, wobei gleichzeitig die zur Verfügung stehenden Möglichkeiten der Informationsverarbeitung Art und Umfang der Delegation beeinflussen. Die Entwicklung von Planungs- und Kontrollinstrumenten, die auf den jeweiligen Dispositionsspielraum eines Aufgabenträgers abgestimmt sind, erlaubt eine Komplexitätsreduktion und damit in der Regel eine Verringerung der subjektiv empfundenen Belastung durch das Lösen der mit einem Arbeitsplatz verbundenen Entscheidungen, wodurch die Akzeptanz organisatorischer Regelungen einschließlich ihrer Umsetzung erhöht wird.

Die Möglichkeit, den Betrieb eines Unternehmens zu simulieren, den simulierten Ablauf festzuhalten und beliebig zu reproduzieren, und damit die Gelegenheit, Experimente mit alternativen Planungs- und Kontrollinstrumenten durchzuführen und ihre Eignung bei unterschiedlichen Kontextfaktoren zu evaluieren, läßt sich daher auch für Akzeptanzanalysen nutzen.

Werden unterschiedliche Aufgabenträger identischen Betriebsabläufen und identischen Planungs- und Kontrollsystemen gegenübergestellt, so lassen sich zumindest teilweise Reaktionsunterschiede als abhängige Variable, die auf persönliche Eigenschaften der Menschen zurückgehen, erkennen und ggfs. bei der Gestaltung von Planungs- und Kontrollsystemen erfassen.

7.1.3 Analyse der Abstimmung des Rechnungswesens auf die individuellen Unternehmensverhältnisse

Mit der Hilfe von Effizienz- und Akzeptanzanalysen im Rahmen von Seminaren lassen sich zudem empirische Ergebnisse, die mit Hilfe von Befragungen [9, 23] zur Abstimmung des eingesetzten Rechnungswesen auf die individuellen Unternehmensverhältnisse angestellt wurden und notwendigerweise Unschärfen aufweisen, kontrollieren, ggfs. ergänzen und anpassen, wofür die im R/3-System vorgesehenen, vordefinierten Varianten gute Voraussetzungen bieten.

7.2 Entwicklung von Designstrategien für Planungs- und Kontrollsysteme

Die empirischen Untersuchungen zum Zusammenhang zwischen Unternehmensverhältnissen und eingesetzten Systemen des Internen Rechnungswesens legen nahe, daß u. a. für unterschiedliche Organisationsformen unterschiedliche Varianten von Planungs- und Kontrollsystemen verwendet werden.

Hieraus läßt sich die Frage ableiten, ob theoretisch begründbare Gestaltungsempfehlungen für Planungs- und Kontrollsysteme entwickelt werden können [30]. Faßt man ein virtuelles Unternehmen als Beschreibungsmodell auf, das die Merkmale eines bestimmten Unternehmensyps, z. B. eines Unternehmens der Massenfertigung oder der Einzelfertigung abbildet, so lassen sich hieraus die notwendigen Informationsbedarfe für die Erfüllung der Aufgaben an den einzelnen Arbeitsplätzen des Unternehmens gewinnen. Virtuelle Unternehmen bieten ja die Möglichkeit, systematisch alternative organisatorische Regelungen für 'Betriebsabläufe' zu generieren, so daß hieraus die sich verändernden Informationsbedarfe erkennbar werden, auf die Planungs- und Kontrollsysteme als Teile des Informationssystems auszurichten sind. Die Entwicklung von Gestaltungsempfehlungen im Hinblick auf die anzustrebende Homologie zwischen Organisation und Informationssystem [30] kann m. E. so auf eine bessere Basis gestellt werden.

8 Erreichbarkeit der Ziele aus dem Einsatz kommerzieller integrierter Standardsoftware im Rahmen universitärer Ausbildung

Der Einsatz des R/3-Systems im Rahmen von Seminaren zur Allgemeinen Betriebswirtschaftslehre und zur Industriebetriebslehre zeigt, daß es als ein adäquates Beschreibungsmodell bezeichnet werden kann. Seminarteilnehmer, die die theoretische Aufgabe zu lösen verstehen und sich in die Dokumentation und den Übungsmandanten einarbeiten, können den Transfer wissenschaftlicher Erkenntnisse bei der Anwendung auf praxisnahe Aufgabenstellungen leisten. Das Ziel der Ausbildung, bei der Tätigkeit in der Praxis ein wissenschaftlich begründetes Urteil fällen zu können, kann als gut erreichbar angesehen werden.

Der Seminarteilnehmer, der die theoretische Aufgabe löst und sich in die Dokumentation und den Übungsmandanten einarbeitet, wird für den bearbeiteten Teil der Software zu einem 'mündigen' Anwender. Seine Kenntnisse des R/3-Systems ermöglichen ihm auch für andere Fragestellungen eine rasche Einarbeitungsmöglichkeit. Sie erleichtern ihm den Start ins Berufsleben und ersparen andererseits den Unternehmen Schulungsaufwendungen in beträchtlicher Höhe sowie notwendige Einarbeitungszeit, was allerdings gegenwärtig nicht statistisch belegbar ist.

Der Einsatz des R/3-Systems ist im Rahmen universitärer Lehre sowohl für die Absolventen als auch für die Praxis von hohem Nutzen. Er verspricht zudem ein großes Forschungspotential, vor allem in der empirischen Rechnungswesenforschung.

Literaturverzeichnis

[1] Braun, W.: Forschungsmethoden der Betriebswirtschaftslehre; in: W. Wittmann u. a. (Hrsg.): Handwörterbuch der Betriebswirtschaft, 5. Aufl., Stuttgart 1993, Sp. 1220 - 1236.

[2] Fischer, J.: Die betriebswirtschaftliche Standardsoftware SAP R/3 - vom attraktiven Kürzel zum praktischen Erlebnis, in: Wirtschaftsinformatik, 37 (1995), S. 623-624.

[3] Frank, J.: Standard-Software, 2. Aufl., Köln 1980.

[4] Henzel, F. Die Funktionsteilung in der Unternehmung, in: ZfB, 9 (1932), S. 193 - 209.

[5] Horváth, P.; Petsch, M.; Weihe, M.: Standard-Anwendungssoftware für das Rechnungswesen, 2. Aufl., München 1986.

[6] König, W.: SAP R/3 in der Wirtschaftsinformatik-Lehre und -Forschung an Hochschulen?, in: Wirtschaftsinformatik, 37 (1995), S. 622.

[7] Kruczynski, K.: Moderne Ausbildung erfordert moderne Technologien, in: Wirtschaftsinformatik, 37 (1995), S. 622-623.

[8] Layer, M.: Die Kostenrechnung als Informationsinstrument der Unternehmensleitung, in: H. Jacob (Hrsg.): Neuere Entwicklungen in der Kostenrechnung (I), Schriften zur Unternehmensführung, Band 21, Wiesbaden 1976, S. 97 - 138.

[9] Layer, M.: Die Abstimmung des Internen Rechnungswesens auf die individuellen Unternehmensverhältnisse; in: W. Ballwieser; K.-H. Berger (Hrsg.): Information und Wirtschaftlichkeit, Wiesbaden 1985, S. 715 - 743.

[10] Layer, M.: Die Analyse der Einsetzbarkeit integrierter Standardsoftware für die Rechnungslegungspolitik am Beispiel von R/3 der SAP AG; in C.-C. Freidank (Hrsg.): Rechnungslegungspolitik - Eine Bestandsaufnahme aus handels- und steuerrechtlicher Sicht, Veröff. in Vorb.

[11] Mertens, P.: Integrierte Informationsverarbeitung, Band 1: Administrations- und Dispositionssysteme in der Industrie, 6. Aufl., Wiesbaden 1993.

[12] Mertens, P. u. a. (Hrsg.): Studienführer Wirtschaftsinformatik, Braunschweig; Wiesbaden 1996, S. 10.

[13] Oetinger, R.: SAP soll die Lehre als Anwendungsbeispiel begleiten, in: Wirtschaftsinformatik, 37 (1995), S. 623.

[14] SAP AG (Hrsg.): Einführung in das R/3-System, Walldorf 1992.

[15] SAP AG (Hrsg.): Funktionen im Detail, SAP R/3 Software-Architektur, Walldorf 1994.

[16] SAP AG (Hrsg.): Funktionen im Detail, Das Vetriebssystem der SAP, Walldorf 1994.

[17] SAP AG (Hrsg.): R/3 System Online Documentation, Release 2.2, Version 9, o. O. 1996a.

[18] SAP AG (Hrsg.): R/3 System Release 3.0D Online Documentation, o. O. 1996b.

[19] Schanz, G.: Wissenschaftsprogramme der Betriebswirtschaftslehre; in: F. X. Bea; E. Dichtl; M. Schweitzer (Hrsg.): Allgemeine Betriebswirtschaftslehre, 6. Aufl., Band 1, Stuttgart/Jena 1992, S. 57 - 139.

[20] Scheer, A.-W.: Unternehmensdatenmodell (UDM) als Grundlage integrierter Informationssysteme; in: ZfB, 58 (1988), S. 1091 - 1114.

[21] Scheer, A.-W.: Betriebs- und Wirtschaftsinformatik; in: Wittmann, Waldemar u. a. (Hrsg.): Handwörterbuch der Betriebswirtschaft, 5. Aufl., Stuttgart 1993, Sp. 390 - 408.

[22] Scheer, A.-W.: *Wirtschaftsinformatik*, 6. Aufl., Berlin u. a. 1995.

[23] Schmitt-Eisleben, Daniel: Abstimmung des Internen Rechnungswesens auf die individuellen Unternehmensbedürfnisse, Münster 1994.

[24] Schweitzer, M.: Gegenstand der Betriebswirtschaftslehre; in: F. X. Bea; E. Dichtl; M. Schweitzer (Hrsg.): Allgemeine Betriebswirtschaftslehre, 6. Aufl., Band 1, Stuttgart; Jena 1992, S. 17 - 56.

[25] Stein, J. H. von: Betriebswirtschaftslehre, Gegenstand der; in: W. Wittmann u. a. (Hrsg.): Handwörterbuch der Betriebswirtschaft, 5. Aufl., Stuttgart 1993, Sp. 470 - 482.

[26] Stucky, W.: Universität muß mehr sein als SAP-Praxis - und ist es auch!, in: Wirtschaftsinformatik, 37 (1995), S. 624-625.

[27] Thome, R.: -VULCAN- Virtuelle Unternehmen zur Simulation der realen Betriebsabläufe; in: OR Spektrum, Bd. 12, 1990, S. 51-58.

[28] VULCAN-Projektberichte, Deutsches Forschungsnetz, Auftragsnummer TK 556 - APC.04, 1986 bis 1989.

[29] VULCAN-Projektberichte, Teilprojekt CERMEDES AG, Deutsches Forschungsnetz, Auftragsnummer TK 556 - APC.04, 1986 bis 1989.

[30] Wall, F.: Organisatorische Elemente einer Konstruktionstheorie für betriebliche Informationssysteme, Wiesbaden 1996

SzU – Grundsätze und Ziele

Die Schriften zur Unternehmensführung (SzU) sind eine Fortsetzungsreihe thematisch jeweils in sich geschlossener Bände.

Die SzU verfolgen das Ziel, den Leser mit dem **neuesten Stand der betriebswirtschaftlichen Forschung und Praxis,** jeweils bezogen auf ein bestimmtes Gebiet der Unternehmensführung, vertraut zu machen. Weiterhin soll gezeigt werden, wie diese Erkenntnisse zur **Lösung praktischer Probleme** herangezogen und nutzbar gemacht werden können. Jeder Band dieser Reihe ist dem Grundsatz der **Verbindung von Wissenschaft und Praxis,** von wissenschaftlicher Forschung und praktischer Anwendung verpflichtet.

Entsprechend dieser Grundsätze kommen in jedem Band Hochschullehrer **und** Praktiker zu Wort, die sich mit dem jeweiligen Themengebiet – forschend oder in der Unternehmenspraxis – intensiv auseinandergesetzt haben.

Die SzU richten sich an **Praktiker in Unternehmensführung und Management,** die sich über aktuelle Schwerpunktthemen umfassend und kompetent informieren lassen wollen, sowie an **Dozenten und Studenten** der Betriebswirtschaftslehre.

Jeder Band der SzU enthält:

– „State-of-the-Art"-Aufsätze über Entwicklung und Stand der Betriebswirtschaftslehre in dem jeweiligen Teilgebiet sowie

– Schilderungen von Praxisproblemen und Berichte über den Einsatz wissenschaftlicher Instrumente und Konzepte zu deren Lösung.

Die Schriftenreihe wurde 1967 von Herbert Jacob begründet und wird heute gemeinsam von Hochschullehrern und in der Unternehmensführung tätigen Praktikern herausgegeben.

Gründungsherausgeber
Prof. Dr. Dr. h.c. Herbert Jacob(†) begründete im Jahre 1967 die „Schriften zur Unternehmensführung" (SzU). Er war Professor der Betriebswirtschaftslehre und Direktor des Seminars für Industriebetriebslehre und Organisation an der Universität Hamburg. Seine Hauptarbeitsgebiete waren die Theorie der Unternehmung, Strategische Unternehmensplanung, Entscheidungen bei Unsicherheit und Probleme der Arbeitslosigkeit.

Herausgeber

Prof. Dr. Dietrich Adam ist Professor der Betriebswirtschaftslehre an der Westfälischen Wilhelms-Universität in Münster. Schwerpunkte seiner wissenschaftlichen Arbeit sind Industriebetriebslehre, insbesondere Kostenpolitik, Fertigungssteuerung und ökologische Aspekte der Produktion, sowie Krankenhausbetriebslehre.

Prof. Dr. Eberhard Scheffler ist Mitglied des Vorstandes der BATIG Gesellschaft für Beteiligungen mbH und stellvertretender Vorstandsvorsitzender der B.A.T. Cigarettenfabriken GmbH. Er ist Honorar-Professor an der Universität Hamburg. Schwerpunkte seiner wissenschaftlichen Arbeit sind die Gebiete Unternehmensführung, Controlling und Rechnungslegung.

Dr. Johann Friederichs ist Managementberater und Hochschuldozent. Schwerpunkte seiner Arbeit sind Internationales Management, unternehmensweites Informationsmanagement und die Gestaltung internationaler Geschäftsprozesse mit Unterstützung der Informatik.

Dr. Jürgen Krumnow ist Mitglied des Vorstandes der Deutsche Bank AG mit Verantwortung für Norddeutschland, Skandinavien und Afrika und die Bereiche Controlling und Steuern. Schwerpunkte seiner wissenschaftlichen Tätigkeit sind internationale Harmonisierung der Rechnungslegung und Bankenaufsicht sowie Instrumente für das Ressourcen- und Risiko-Controlling.

Prof. Dr. Wolfgang Hilke ist Professor für Betriebswirtschaftslehre an der Universität Freiburg i. Brsg. Seine Hauptarbeitsgebiete sind Marketing, insbesondere Dienstleistungs-Marketing, Rechnungswesen, insbesondere Bilanzpolitik und Bilanzanalyse, sowie Finanzierung und Investition.

Prof. Dr. Dieter B. Preßmar ist Professor der Betriebswirtschaftslehre und Leiter des Arbeitsbereiches Betriebswirtschaftliche Datenverarbeitung der Universität Hamburg. Seine Arbeitsgebiete umfassen Computergestützte Planung, Informationsmanagement, Softwaretechnologie und Rechnernetze.

Prof. Dr. Karl-Werner Hansmann ist Professor der Betriebswirtschaftslehre und Direktor des Seminars für Industriebetriebslehre und Organisation der Universität Hamburg. Seine Hauptarbeitsgebiete sind Produktionsplanung und -steuerung sowie Prognosemethoden für die Unternehmenspraxis.

Prof. Dr. August-Wilhelm Scheer ist Direktor des Instituts für Wirtschaftsinformatik an der Universität des Saarlandes sowie Hauptgesellschafter des Software- und Beratungshauses IDS Prof. Scheer GmbH in Saarbrücken. Seine Hauptarbeitsgebiete sind computergestützte Informationssysteme und Konzeptionen einer EDV-orientierten Betriebswirtschaftslehre.

Autoren

**Dipl.-Math.
Günther Tolkmit**
ist Vice President des Corporate Marketing Department der SAP AG, Walldorf. Durch langjährige Tätigkeit in verschiedenen Unternehmen ist er Experte in den Bereichen Informationstechnologie, Produktmarketing und Systementwicklung.

Dipl.-Hdl. Michael Hoffmann
ist Wissenschaftlicher Mitarbeiter am Institut für Wirtschaftsinformatik (IWi), Universität des Saarlandes, Saarbrücken.

Dr. Wolfgang Teusch
ist Mitarbeiter des Product Management der Industry Business Unit Public Sector der SAP AG, Walldorf. Arbeitsschwerpunkte sind Haushaltsmanagement, New Public Management und Business Engineer.

Prof. Dr. Rainer Thome
Inhaber des Lehrstuhls für Betriebswirtschaftslehre und Wirtschaftsinformatik an der Universität Würzburg

**Prof. Dr. Dr. h. c.
August-Wilhelm Scheer**
ist Direktor des Instituts für Wirtschaftsinformatik (IWi), Universität des Saarlandes, Saarbrücken, sowie Hauptgesellschafter des Software- und Beratungshauses IDS Prof. Scheer GmbH in Saarbrücken. Seine Hauptarbeitsgebiete sind computergestützte Informationssysteme und die Konzeption einer EDV-orientierten Betriebswirtschaftslehre.

Dr. Mathias Kirchmer
ist President & CEO der IDS Scheer, Inc, USA. Er arbeitet seit 1990 bei der IDS und war bis Januar 1996 verantwortlich für den Bereich der SAP-Einführung. Dr. Kirchmer war Projektleiter mehrerer internationaler SAP R/3 Einführungen. Er promovierte zum Thema „Geschäftsprozeßorientierte Einführung von Standardsoftware"

Dipl.-Wirtsch.-Ing. Markus Bold
ist Wissenschaftlicher Mitarbeiter am Institut für Wirtschaftsinformatik (IWi), Universität des Saarlandes, Saarbrücken.

Frederik Linthout
Studium der Betriebswirtschaftslehre an der Universität Hamburg
Leiter Rechnungswesen/Controlling der Hanseatische Investitions-Bank GmbH und Hanseatische Leasing GmbH, beide Hamburg

Wolfgang Lühdorff
Student der Betriebswirtschaftslehre an der Universität Hamburg studentischer Mitarbeiter der Hanseatische Leasing GmbH und der C&L Unternehmensberatung GmbH, beide Hamburg

Prof. Dr. Friederike Wall
Inhaberin des Lehrstuhls für Allgemeine Betriebswirtschaftslehre, insbesondere Controlling und Informationsmanagement der Universität Witten/Herdecke

Mathias Schäfer
Studium der Wirtschaftsinformatik an der Fachhochschule Nord-Ost-Niedersachsen in Lüneburg Unternehmensberater bei der C&L Unternehmensberatung GmbH, Hamburg

Prof. Dr. Manfred Layer
Geschäftsführender Direktor des Instituts für Industriebetriebslehre und Organisation, Universität Hamburg

Dipl.-Math. Martin Schrempf †
Leiter des Projektes Haushalts- und Rechnungswesen in der Generalverwaltung der Max-Planck-Gesellschaft zur Förderung der Wissenschaften e.V. in München

Paul Wenzel (Hrsg.)

Geschäftsprozeßoptimierung mit SAP® R/3®

Modellierung, Steuerung und Management betriebswirtschaftlich-integrierter Geschäftsprozesse

2., vollständig neubearbeitete Auflage 1997, XXII, 324 Seiten
(Edition Business Computing, hrsg. von Paul Wenzel)
Gebunden, DM 198,–
ISBN 3-528-15508-6

Das Buch, jetzt in 2. Auflage aktuell für die Version 3.X und mit einem neuen Autorenteam unter der Leitung von Prof. Wenzel zusammengestellt, bietet praxisorientierte Fachaufsätze und Projektbeschreibungen als Ergebnisse konkreter Projekterfahrung mit SAP R/3.

Die Themen: Es geht um Fragen der R/3-Migration über die Verbesserung der Entscheidungsunterstützung, um Branchenlösungen für Automobilzulieferer oder im Konsumgütervertrieb, um die Anwendung des R/3-Konsolidierungsmoduls bis hin zum Thema Ausbildung mit SAP R/3. Das Buch hat den Anspruch, letztlich herstellerneutral, fundiert und lösungsorientiert geeignete Erfahrungen und Know-how für den verantwortlichen Praktiker im Unternehmen bereitzustellen. Der Leser erhält Business-to-business-Informationen zum Thema SAP R/3 in bester Beraterqualität.

Betriebswirtschaftlicher Verlag Dr. Th. Gabler GmbH, Abraham-Lincoln-Str. 46, 65189 Wiesbaden

Schriften zur Unternehmensführung

Weitere lieferbare Bände (Auswahl):

Band 50/51
Marktorientiertes Umweltmanagement
1994 – ISBN 3-409-17920-8

Band 52
Dienstleistungsproduktion
1994 – ISBN 3-409-17919-4

Band 54
Total Quality Management I
1995 – ISBN 3-409-17923-2

Band 55
Total Quality Management II
1995 – ISBN 3-409-17926-7

Band 56
Corporate Governance
1995 – ISBN 3-409-17924-0

Band 57
Innovative Verwaltungen 2000
1996 – ISBN 3-409-17930-5

Band 58
Risikosteuerung von Derivaten
1996 – ISBN 3-409-17932-1

Band 59
Krankenhausmanagement
1996 – ISBN 3-409-13595-2

Band 60
Management des Wandels
1996 – ISBN 3-409-17934-8

Band 61
Komplexitätsmanagement
1998 – ISBN 3-409-17938-0

If you have any concerns about our products,
you can contact us on
ProductSafety@springernature.com

In case Publisher is established outside the EU,
the EU authorized representative is:
**Springer Nature Customer Service Center GmbH
Europaplatz 3, 69115 Heidelberg, Germany**

Printed by Libri Plureos GmbH
in Hamburg, Germany